◎北京市教育学会"十四五"教育科研2022年度课题
◎北京市教育学会创造教育专业委员会"十四五"教育

U0687512

幼儿园微主题活动案例精选

陈　煜　主编

中国农业出版社
农村读物出版社
北京

编 委 会

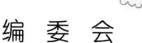

主　　编：陈　煜
编　　委：苏会芳　李晓芳　陈　玥　常　宏
　　　　　任　华　孙楚凝　付京岚　邹婉莹
编写人员：陈　煜　李晓芳　陈　玥　王　雪
　　　　　王　伊　杜宇威　任嘉琪　刘　岩
　　　　　赵　伟　姜　珊　孙　雨　王　雪
　　　　　朱　静　姜亚静　谭　馨　张红艳
　　　　　李月梅　王　倩　王东晴　张宇萌
　　　　　刘　欣　范媛媛　白　倩　张培秀
　　　　　赵　颖　杨潇钰　张　慧　王　芳

前言

　　孩子天性爱玩。"如何放手让幼儿自主游戏？这个度该如何把握？"这些一直是困扰幼儿教师实施教育行为的难题。我们抱着"把游戏的权利还给孩子"的信念，持续探索如何让孩子玩得开心、玩得自由、玩得智慧。在教育实践中，我们始终相信儿童是有力量的，相信儿童的能力能够通过自主游戏得以显现。我们站在儿童的视角去看待自主游戏，为儿童创设更多、更丰富多彩的游戏环境，最大限度地满足儿童的兴趣需要、游戏需要、发展需要，尊重儿童各种形式的表征，在他们的当下与未来之间寻找一条合理发展的路径，全面提升儿童素养，使其形成健全的人格与良好的学习品质。

　　北京市丰台区宛平幼儿园（以下简称"宛平幼儿园"）位于北京市丰台区卢沟桥宛平湖畔。卢沟桥最著名的景观之一就是"卢沟晓月"。我们在办园实践中注重对地域文化的挖掘和对儿童进行家乡人文情怀的培养。幼儿园特别针对"晓"字进行了教育层面的文化解读：晓，指清晨，天刚亮，寓意儿童如日之初升；晓，也指明白、了解、精通、明智，体现了我们的教育态度和教育追求。基于对"晓"的文化解读，我们提出了以"晓"文化引领园所发展、实施教育改革的思路，"寻找教育该有的真实样子"，发现和唤醒儿童，为每一个儿童的成长创造无限的可能，为幼儿提供有幸福感的教育生活，使幼儿园成为一所感知幸福、看见成长的"晓爱家园、晓趣乐园、晓知学园"。这是我们的使命和愿景，是幼儿园的教育文化，也是幼儿园教育的未来和发展方向。

　　一直以来，宛平幼儿园以《幼儿园教育指导纲要（试行）》（以下简称《纲要》）、《3～6岁儿童学习与发展指南》（以下简称《指南》）、《幼儿园保育教育质量评估指南》（以下简称《评估指南》）为指导，从儿童的视角出发：

用理解之心认识儿童，知"晓"儿童年龄特点；

用赏识之心发现儿童，明"晓"儿童兴趣爱好；

用尊重之心研究儿童，洞"晓"儿童生命潜能；

用智慧之心引领儿童，通"晓"儿童发展规律……

让每一个生命都平而不凡，各自有光，俱有收获，皆有发展。

幼儿园以"晓"文化为引领，整体构思园本特色课程。

1. "晓"元素、大思路，细小之处显精致。

从细小处着手，融入园本文化教育元素，体现"立德树人"大思路，统筹规划和调整一日生活各环节，让教育回归自然，让"一日生活皆课程"的教育理念落地。

2. "晓"构思、大理念，地域文化显特色。

从细小处构思教育载体，依托地域特色资源，体现"生活即教育"的理念，利用触手可及的本土文化和自然资源，有效融入微主题课程，依托红色地域文化，经过不断的积累与探索，激活传统文化在园本课程建构中的作用。

3. "晓"游戏、大领域，系列游戏做精细。

从细小处构思游戏，通过五大领域融合，促进幼儿综合能力的发展和良好学习品质的形成，从而提升教育质量和内涵。

宛平幼儿园在全面贯彻《纲要》《指南》《评估指南》要求与精神的基础上，以幼儿发展为本，以园本教研为抓手，经过多年一线教研，在北京市教育学会创造教育专业委员会"十四五"教育科研课题"儿童视域下，幼儿园美术微型课程的创新实践研究"（课题编号：czjykt2021F004）及北京市教育学会"十四五"教育科研2022年度课题"儿童视域下，幼儿园科学微主题的实践研究"（课题编号：FT2022-044）的引领下，运用"问题推进式"研究策略，通过"现场观察——分析问题——探索实践——跟进研讨——反思优化"的教研模式，支持教师有目的、有计划地进行微主题活动的研究，探寻微主题活动实施路径，引导幼儿围绕共同关注的"生活中微小议题"或"游戏中微小资源"或"某一个共同感兴趣的微小事件"开展自主探究、交流与互动等一系列的教育实践活动，即微主题活动。

微主题活动强调幼儿教育要从儿童的视角出发，捕捉儿童的兴趣，满足儿童的愿望，倾听儿童的声音，相信儿童的能力，重视儿童亲历和经验的习得，关注儿童多元发展，借助儿童实践经验开展自主探究活动，是在多领域微主题活动的整合下，以一种内容丰富多彩、形式灵活多样、儿童喜闻乐见的课程形式，通过幼儿自主参与、自主学习、自由表达获得全面发展。同时，教师用图片、文字、视频等方式记录儿童的学习、成长轨迹，推动儿童深度学习与发展。教师以幼儿园周围的自然物、生活中的问题和困惑、微小的事物或事件作为课程资源，以儿童立场为核心，创新建构园本微主题活动及以小组化活动为基础的主题活动。我们以儿童视域下幼儿园微主题课程实施过程中教师所面对的各种具体教育问题为研究对象，全园教师在幼教专家、园长、业务园长、保教主任及骨干教师的带领下，在最前沿教育理念的指导下，共同进行实践性研究，既注重解决实际问题，又注重经验的总结、理论的提升、规律的探索和教师的专业发展，开展了基于游戏现场的儿童行为观察和案例背景下的真实研究。微主题活动具有灵活多变的特点，属于生成性活动，并始终站在儿童的视角，丰富幼儿活动需要，扩大幼儿学习空间，让幼儿在自主探索中获得发展。

《幼儿园微主题活动案例精选》详细介绍了幼儿园微主题活动的基本概念、目标与内容、实施策略、开展效果等理论研究内容，同时精选了以"微主题"为核心特点的活动案例20篇，分为传统文化篇、自然探索篇、社会实践篇、生活创意篇四个方面的教育活动内容。教师在幼儿原有认知经验的基础上，有目的、有计划地进行生成性微主题课程的研究，始终追随幼儿、关注幼儿、观察幼儿、发现幼儿、理解幼儿、支持幼儿，探寻出一条有教育价值的、实操性强的微主题活动实施路径，探究适用于3～6岁幼儿微主题活动实践研究的有效组织形式，梳理、提炼可操作的实践方法，让幼儿真正成为学习与发展的主体。这些案例既是课程的一种表达方式，又是教师观察幼儿学习活动的一种重要教育形态，同时也是微主题课程的实践结果。这种以儿童视域为核心的构建思路，对其他幼儿园和教师具有学习价值和借鉴意义，能提高教师的专业素养、科学探究精神，开阔教育思路，促进教师专业化成长。

1. 寻找"问题关键点"，助推幼儿自主探究式学习。

教师回顾师幼互动过程，寻找问题的症结，追本溯源，回顾与讨论，探索给予幼儿更多思考空间的策略与方法，让幼儿"有话想说""有话可说"，推动幼儿产生自主探究的欲望。

2. 从"微小"入手，聚焦幼儿自主探究式学习。

问题线索明晰后，教师把目光转向"微小"的具体问题，思考活动的适宜性及解决问题的路径，在游戏前进行"深挖掘"、游戏中进行"深思考"、游戏后进行"深拓展"，通过"多维资源"智慧地推动游戏向深层次发展。

3. 复盘"微主题"课程故事，形成"四部曲"课程实施路径。

教师们共同精选并梳理了 20 个生动、真实、有趣的微主题活动案例。每个微主题活动组织完成后，大家会展开讨论，发现微主题活动的起因、过程、方法、结果具有相似规律，这一规律正是我们要探寻的微主题活动形成的路径，也就是下面的微主题活动"四部曲"。

幼儿的维度：计划与决策——体验与探究——表征与拓创——回顾与收藏。

教师的维度：倾听与记录——收集与审议——观察与支持——反思与评价。

4. 以"四部曲"的课程架构支持"微主题"课程研发。

每个教师针对这 20 个精选案例，谈一谈自己对"微主题"课程的理解，融合多个视角，深化对微主题活动的认识。同时，通过这些真实的故事案例，生动展示了宛平幼儿园在教育改革背景下利用红色地源文化资源探索微主题活动的过程。这些活动案例对提高幼儿教师的课程创设和课程反思能力具有启发作用和借鉴意义。

本书得以出版要感谢北京教育学院丰台分院学前教研室领导、专家的专业指导，以及宛平幼儿园所有参与编写教师的积极努力，让我们携起手来，在研究学前教育改革与发展的道路上，用教育的智慧播撒幸福的种子，精心培育，静待花开。

北京市丰台区宛平幼儿园园长　陈　煜

2023 年 7 月

目录

第一章　幼儿园微主题活动概述

一、幼儿园微主题活动的基本概念

（一）微主题活动的概念

幼儿园在"十四五"课题的引领下，对"微主题活动"的概念进行了深入的研究，得出了一个基本概念：微主题活动是从儿童当下的兴趣、需要出发，以幼儿园周围的自然物、幼儿生活中的真问题和真困惑、微小的事物或事件作为课程资源，追随儿童视角，引导儿童自选材料、自由结伴、自创玩法、自主探究、深度学习，促进儿童整体素质发展、形成良好学习品质的教育活动。

这一概念突出了两点：一是微主题活动应以儿童为本，追随儿童的视角，根据儿童的年龄特点、性格特点、兴趣和爱好、发展需求制订符合儿童学习方式与习惯、容易被儿童接受的活动模式，用图片、文字、视频等方式记录儿童的学习与成长轨迹，呈现儿童真实的学习过程。二是微主题活动的目的在于帮助儿童提升发现问题、分析问题、解决问题的能力，关注儿童真实生活中的各种问题情境，突出儿童之间的合作与互助、师幼间的互动，提升儿童探究素养、整体素质及学习品质的发展。

（二）微主题活动的要素

我们在"十四五"课题研究的过程中，通过园本教研活动请园里的每位老师写出自己对"微主题活动"的理解。

"微主题活动是由小及大的、系列的、连续的活动。"

"微主题活动应顺应儿童的意愿，根据儿童的需要提供相应的支持，贴近儿童的生活、经历及原有经验。"

"微主题活动是由一人或多人发起、教师以平行游戏者的身份参与的群体活动。"

"微主题活动是儿童通过各种形式的表征记录某个知识点、困惑或问题，并探索解决问题的方法。"

"微主题活动是由儿童主导的、跨时长且变化多的探索类游戏。"

"微主题活动是幼幼之间、师幼之间多重互动、共同构建课程的过程，达到教学相长、共同成长的目的。"

"微主题活动是根据孩子的需要，围绕一个主题开展的、有一定连续性的活动。它贴近幼儿自身的活动。从活动的时间来看，是不确定的，可长、可短。"

"微主题活动是以一个或几个孩子共同的兴趣点作为活动的生发点，师幼共同建构活动内容。"

"微主题活动是部分幼儿对生活中某一个事物发生兴趣，进行持续的探究与深度的学习，从而获得多方面发展的过程。"

当这些不同视角的理解呈现出来时，我们惊奇地发现，这些其实就是微主题活动的要素，经过梳理，总结如下：

1. 以一个或多个儿童的兴趣点为活动生发点，顺应儿童意愿，追随儿童视角，贴近儿童生活。

2. 多个或全体儿童围绕某一微小主题进行的持续性自主探究活动，运用各种形式的表征记录活动过程，突出幼幼互动与师幼互动，彼此共同学习与成长，共同构建课程体系的过程。

3. 微主题活动的主题、内容、时间长短由儿童决定。

（三）微主题活动的特点

目前，国内、外越来越重视对"微主题""微课"的研究，但其核心课程资源形式不统一，有的是教案式，有的是视频式；课程结构较为松散，主要用于学习及培训等方面，应用领域有待扩充；课程资源的自我生长、扩充性不够。广州大学教育学院的田秋华老师基于对微型课程的内涵及实践分析，将其定义为：基于学校资源、教师能力与学生兴趣，以主题模块组织起来的相对独立与完整的小规模课程，具有"短""小""精""活"的特点，适用于学校教育的各个阶段及各种课程类型。田秋华老师与上海师范大学教育技术系刘素芹老师均提出，微课程是校本课程的重要形式，应将其纳入学校的课程体系中。我们从幼儿园的教育实践出发，通过微主题活动的开展，发现了微主题活动的一些特点及规律。

幼儿园微主题活动关注发生在幼儿生活中的微小事件、幼儿遇到的真问题或真困惑，以及幼儿日常生活中接触到的、感兴趣的微小事物。教师通过对幼儿行为的观察与记录，分析、解读幼儿的兴趣点、发展需要及遇到的问题，支持幼儿自主学习、自主探究、自主发展，引导幼儿积累相关经验，培养幼儿的动手能力和创新精神。总的来说，微主题活动具有主题突出、类型多样、情景真实、互动性强、可生成性等诸多优点，它强调的是资源的有机整合，体现了生成性、生活化、开放性、主体性、发展性等特点。

1. 生成性

微主题活动的内容往往是在幼儿日常生活中自主生成的，而不是教师提前预设的，它来自教师对幼儿日常对话、行为的观察，来自幼儿的好奇心、兴趣点及发展需要。活动何时开始、何时结束，也不是教师说了算，而是追随幼儿的兴趣和需要，体现了生成性的特点。

2. 生活化

《幼儿园教育指导纲要（试行）》（以下简称《纲要》）中指出："教育活动内容要贴近幼儿生活，要充分利用自然环境和社区教育资源，扩展幼儿生活和学习空间。"生活化是微主题活动的突出特点。微主题活动的内容全部来自幼儿日常生活中遇到的问题、关注的微小事物，来自幼儿日常的一些谈话、有创意的想法、好奇的提问等。活动的内容及实施的过程也离不开幼儿的日常生活。这就要求教师多观察、多倾听、多分析、多思考，从而找到适合幼儿开展的微主题活动内容，提供相应的支持，丰富幼儿日常生活经验，引导幼儿主动表达、主动探究。

3. 开放性

幼儿的发展是多元的，也是开放的，这就决定了微主题活动也具有开放性的特点。从活动内容来看，幼儿关注的不仅是五大领域的知识性与经验性问题，还有更多贴近幼儿日常生活的微小事物和问题等。这些内容具有开放性，范围更广、内容更丰富。从活动的空间来看，不仅有教室内开展的微主题活动，还有很多户外、园外开展的微主题活动，更具开放性。从活动的时间来看，有些活动内容不是一周、两周、一个月、两个月就能结束的，时间跨度较长，完全依据幼儿的兴趣和发展需要来发展。从活动的过程和结果来看，微主题活动给予幼儿更多自由探究的时间和空间，允许每个幼儿按照自己的理解发现问题，用自己的方式解决问题，最终得出自己的结论，不要求统一的标准答案或标准做法，更具开放性。

4. 主体性

幼儿是微主题活动的主体，活动以幼儿的需求、动机和兴趣为主，体现了以儿童为本的教育观。活动过程中，幼儿自主选择材料、自主发现、自主探究、亲身体验，从而解决问题、积累经验、获得发展。教师在活动过程中是观察者、支持者、引导者、合作者。幼幼之间、师幼之间都是本着平等和互相尊重的情感与态度交流看法、观点、经验等，共同构建活动内容、确定活动走向。同时，也体现了幼儿的学习特点，即幼儿在日常生活和游戏中往往以直接感知、实际操作和亲身体验来获取直接经验，在游戏中感知、探究、操作，从而体验快乐、获得发展。

5. 发展性

微主题活动具有发展性的特点，主要体现在三个方面：一是活动过程是发展的。微主题活动是生成的，活动过程也是在不断变化、发展的，它会随着幼儿探究活动的深入，改变活动内容、形式及相应的物质环境、材料等，体现了发展性的特点。二是活动目标与评价是发展的。幼儿在活动过程中需要动手、动脑、动口，从而发现问题、分析问题、解决问题，其观察能力、思考能力、动手能力、合作能力等都会得到不同程度的发展。教师通过个案观察记录、事件观察记录、幼儿表征作品收集等描述性评价的方法对幼儿的进步与发展进行评价。因此，也体现了微主题活动发展性的特点。三是活动空间是发展的。教师在活动过程中要为幼儿创设更多的环境，提供更多的材料，增加幼儿发展的可能性，引导幼儿充分利用各种资源进行深度学习与发展。正如教育家皮亚杰所说："教育工作者应该创造一种儿童可以成为主动学习者的环境，使其可以结合不同材料自由地去探索、实验，通过儿童自我选择、自我引导的活动，创造和解决问题。"

二、幼儿园微主题活动的目标

（一）激发幼儿深度学习

微主题活动是幼儿自主探究的学习过程，是幼儿基于自身兴趣和需要开展的活动，是以解决实际问题、提高思维能力为首要目的的活动。幼儿在学习的过程中，受到好奇心、兴趣等内驱力的影响，会充分利用自己已有的知识与经验，通过迁移、主动学习、持续探究等方式来解决问题，从而建构新经验、获得新发展（贴近幼儿最近发展区的发展），促进幼儿深度学习，提高幼儿的学习能力，实现微主题活动的发展目标。

（二）提高互动与合作能力

微主题活动过程中，幼儿与幼儿之间、幼儿与教师之间需要多次沟通、互动，在相互理解、对话的基础上，幼儿与他人建立了真实的情感联系和相互合作的关系，彼此通过倾听、表述、尊重、理解、回应等促进幼儿人际交往能力的发展。幼儿尝试耐心倾听，理解对方表达的意思，并发表自己的想法与意见，学会关心他人、换位思考，学会站在别人的立场上看问题，学会合作式学习，共同努力，解决问题，获得发展。

（三）感受与体验快乐与自由

幼儿在微主题活动过程中，自由度较高，可以依据自己的想法自主探究，充分展示自我，感受与体验发现问题、分析问题、解决问题的过程，从而获得成功的喜悦，增强了自信心和自我认知的发展，能够以一种积极、主动的态度参与活动，满足其对周围世界的好奇心和探究兴趣。

(四)提升幼儿学习品质

微主题活动的活动过程以自主探究为主，幼儿通过亲自操作获得大量的直接经验，形成对周围世界的真实看法与感受，形成了积极探究的兴趣和学习态度。活动过程中，幼儿的专注力、观察力、推理力、思考力、解决问题的能力等得到了充分的发展，培养了问题意识、探究意识、探究能力，锻炼了迁移经验、举一反三、融会贯通的学习能力，学会了质疑、批判性学习、探究性学习的方法，拥有了自主学习、合作学习的能力，拓宽了自己的认知范围和经验。

三、幼儿园微主题活动的内容

(一)传统文化类

中华传统文化博大精深，源远流长。幼儿在日常生活中离不开传统文化、传统习俗。教师应充分挖掘和利用传统文化资源开展相应的微主题活动，引导幼儿积极、主动地参与传统文化的各项活动，亲身感受、体验、发现传统文化的魅力，学习传统文化中的经典，传承中华传统美德，在游戏和生活中探究传统节日、习俗等，主动了解传统文化、民族文化与历史，萌生民族自豪感，树立民族自信心。

(二)自然探索类

《纲要》中指出，要引导幼儿"爱护动植物，关心周围环境，亲近大自然，珍惜自然资源，有初步的环保意识"。幼儿具有热爱大自然、亲近大自然的天性与本能。因此，教师可以利用户外、园外的环境资源，引导幼儿与自然环境、自然物等积极互动，直接感受、发现、认识自然界的事物，通过亲自操作、体验获得直接经验，得到认知、技能、情感上的自主发展。

(三)社会实践类

教育家陈鹤琴先生提出了"大自然、大社会都是活教材"的教育观点。他认为学前儿童是从周围的环境中学习，教师应该以大社会为中心组织活动。教师应引导幼儿在直接接触社会环境的过程中，通过各种感官感知社会性事物，如参观博物馆、消防站、超市、社区等幼儿园周边社会环境，满足幼儿对周边环境、地域文化的好奇心和主动探究的欲望，引导幼儿在丰富的社会环境中学会观察、学会生活、学会创造。

(四)生活创意类

幼儿在日常生活中往往会对一些微小的事物产生兴趣、好奇心和探究欲望。教师应引导幼儿感知、发现生活中的美好事物，从而萌生热爱生活、装饰与美化生活环境、感恩生活中温暖与美好的情感，大胆地运用自己喜欢的方式进行艺术表现和创造，赋有个性地表达自己的情感体验及生活中的小创意。

四、幼儿园微主题活动的实施路径

微主题活动具有情境性、灵活性、不可预测性等特性，这也就决定了课程实施的难度，对教师提出了较高的要求。我们在园本教研活动中，经过反复探索与研究，尝试以简洁、形象的思维导图形式展现微主题活动的"四部曲"实施路径，以实践案例落实微主题课程理念，帮助教师解决课程实施中的一些困惑和难题，以便更好地开展微主题活动。

我们从"微"字入手，让课程可以随时随地生发，以"师幼"双视角形成"四部曲"微主题活动的实施路径，并且从幼儿维度和教师维度两个视角进行了归纳和小结，找到了课程实施的基本路径。

幼儿维度：计划与决策——体验与探究——表征与拓创——回顾与收藏。

教师维度：倾听与记录——收集与审议——观察与支持——反思与评价。

(一) 第一步：计划与决策——倾听与记录

幼儿的兴趣是微主题开展的必要来源，绘制兴趣图是微主题活动实践路径的第一步。微主题活动开始时，教师要从幼儿感兴趣的问题入手，多为幼儿提供机会，鼓励幼儿讨论、分享关于该主题的疑问和想法，倾听并记录幼儿的兴趣点和疑问点，引导幼儿绘制自己的游戏计划，从而形成微主题活动实施兴趣图。

例如，微主题活动"一张老照片 浓浓家乡情"。一张老照片无意中出现在孩子们的视野里，孩子们看到这样一张黑白且与众不同的照片后，心中充满了疑问，想要知道照片背后到底有怎样的故事。随即，我们从议"老"、探"老"，走到了"寻"老，每一张老照片、每一个老物件的到来都引发了孩子们无数的好奇心和探究欲。于是，我们静下心来，充分地利用每一个能收集到的老物件，从老物件的起源到了解它背后的年代故事，真正满足了幼儿的探究欲望，激发了他们热爱家乡、关注家庭成员的情感。

(二) 第二步：体验与探究——收集与审议

教师针对幼儿普遍关注或有争议的问题，通过多种渠道广泛地收集相关知识点，依据对微主题活动的理解开展集体研讨和审议，对本班幼儿经验水平和发展目标进行深入分析，形成微主题活动内容预设的思维导图。在活动实施的过程中，教师不断地复盘，反复进行信息收集与审议，最终推进课程发展，形成了一份课程后的思维导图。教师通过对比预设与生成的活动内容思维导图，可以清晰地看到微主题活动在广度和深度方面的大幅提升。

例如：微主题活动"请按下快门儿"。老照片独特的色彩和感觉让孩子们内心沉静。为了让孩子们能拍摄出属于自己的照片，"老照相馆"区域随即产生了。孩子们用相机记录着自己的生活和一切美好的人、事、物，每张幼儿拍摄的照片都展现了孩子的视角，饱含着孩子的情感。作为教师，我们时刻关注着孩子们的每一次游戏，倾听着孩子们的每一次发声，无论是语言表述还是其他形式的表征，在由孩子们主导课程方向的路上，我们成了无声的支持者和记录者。

（三）第三步：表征与拓创——观察与支持

记录活动过程是微主题活动开展中重要的环节。教师的重点工作是观察和记录幼儿运用了哪些材料和资源、开展了哪些活动，思考还需要为幼儿提供哪些新材料或开发哪些新活动。教师观察着幼儿的行为，记录着幼儿的活动过程，通过建议、提问、参与等方式为幼儿提供必要且适宜的支持，为幼儿搭建探索学习的支架，引导幼儿产生更多样化的活动和更深层次的体验。幼儿通过多种形式的表征记录着游戏，记录着自己遇到的问题和解决的办法，最终生成完整的课程游戏活动。

例如：微主题活动"有'板'有眼"。一位家长保存了数十年的油印机被带到了班里。为了学会油印机的使用方法，孩子们经过了一个漫长的尝试与探究过程，蜡纸会破、印油会结块、刻印会不均匀，当孩子们遇到问题，又凭借自己的尝试一个个破解后，他们真正地了解了刻印的原理，越来越多的材料和方法被发现，他们通过表征画下了一个个问号，又添上了一个个句号，最后的结局一定是一个快乐的惊叹号！

（四）第四步：回顾与收藏——反思与评价

教师依据幼儿在微主题活动中的行为表现，分析这些活动促进了幼儿哪些领域、哪些目标的发展，并由此绘制出幼儿发展评价图。幼儿通过课程故事日记，记录自己在微主题活动中的体验与收获。

例如：微主题活动"把生活装进相框里"。为了使每张照片变得立体，让每个瞬间被永久保存，孩子们从观、试、研、改、评，一步步探究相框的制作方法。当一个个精美的相框呈现在孩子们的眼前时，仿佛每一个游戏瞬间都被复刻。班级中被珍藏的作品非常多，每天的游戏日记成了记载过往的最好证明，孩子们在记录的过程中逐渐养成了习惯，我们也从这些表征作品中看到了孩子们最真实的成长和收获。

五、幼儿园微主题活动的策略

我们通过园本教研活动收集了大量教师在教学实践中遇到的真问题、真困

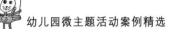
惑，面对众多的问题，我们进行了梳理和归类，从中筛选出有价值的问题，通过问题墙、面对面交流、调查问卷、教研反思等形式进行"真"问题查找、筛选、甄别，提炼了以下一些关键性的问题：

◎隐藏在现象背后的、反映教师观念的本质问题——教师在幼儿自主探究与教师示范之间应该怎么做？

◎真实存在于实践中教师关注的困惑问题——如何捕捉儿童真实的兴趣？

◎有利于广大教师改善教育实践的关键问题——如何在自主游戏中，支持幼儿探究性学习？

基于对以上问题的思考，我们将园本教研专题定位为"微主题背景下，支持幼儿自主探究式学习的实践研究"，同时制订了《幼儿园微主题活动开展制度》，并将"微主题"与《指南》紧密联系，制订出《教师观察幼儿行为分析记录单》（表1-1）、《幼儿园微主题活动观察记录表》（表1-2），帮助教师更科学、全面、专业地解读儿童的学习。

❤ 附制度

幼儿园微主题活动开展制度

为了加强幼儿园微主题撰写及输出环节的工作管理，全面提高幼儿园教师撰写及研究能力，切实落实《幼儿园保育教育评估指南》（以下简称《评估指南》）相关要求，根据《幼儿园工作规程》（以下简称《规程》）、《纲要》、《3～6岁儿童学习与发展指南（试行）》（以下简称《指南》）精神和要求制订本制度。

（一）适用范围

适用于微主题活动开展工作。

（二）管理职责

1. 园长对园本课程的建设和有效实施负责。

2. 保教主任负责指导教师的活动开展、活动研究、活动梳理及活动输出等工作。

3. 教师依据《纲要》和《指南》规定的幼儿园课程标准，结合本班幼儿的具体情况，开展适宜的微主题活动。

（三）具体条目

1. 全体教师集体学习《评估指南》《规程》《纲要》《指南》相关精神与要求，本着"以儿童为本"的原则开展微主题活动。

2. 班级每月开展一次交流活动，主要根据上个月的问题和困惑，制订本月的活动内容及目标。

3. 每周以教研组为单位进行交流、研讨活动，重点交流在微主题活动开展过程中的经验，分享活动进程。

4. 班级教师根据班级微主题活动开展情况进行每日的反思和交流，定期梳理和输出微主题活动。

5. 幼儿园定期开展教研活动，利用教研的方式及时发现班级开展微主题活动中的共性问题及个性化问题，通过集体研讨，有针对性地解决问题。

❤ 附表格

表 1-1 教师观察幼儿行为分析记录单

班级：　　　　　　　　　　　　　　　　　　　　　　　　观察记录人：

日期	年　月　日	具体时间		观察地点	
观察对象		性别		年龄	
观察方式	自然观察（　）　　参与观察（　）　　持续观察（　）　　有目的观察（　） 实验观察（　）　　非参与观察（　）　　非持续观察（　）　　随机观察（　）				
观察目的					
观察环节	观　察　内　容				
区域活动□	兴趣态度□　　学习品质□　　探究能力□　　社会交往□				
生活活动□	情绪状态□　　习惯态度□　　自理能力□　　社会交往□				
集体活动□	态度倾向□　　学习品质□　　能力与表现□　　社会交往□				
户外活动□	运动态度□　　动作品质□　　运动能力□　　运动交往□				
其他□	学习品质□　　能力与表现□　　社会交往□				
幼儿探究过程观察实录与分析思考					
第一步：行为观察——我看到		第二步：评价分析——我发现		第三步：支持策略——我思考	
观察方式（观察、倾听、行为记录） 1. 客观观察动作、表情、语言 2. 细致准确、时间长短、频次描述 3. 程度描述：快慢、幅度，声音高低		（游戏状态、能力水平、已有经验、困惑问题及影响因素）		（环境材料、已有经验、师幼互动支持策略等改进措施）	

表 1－2　幼儿园微主题活动观察记录表

微主题活动名　　称		班级		观察教师	
观察对象：					

日期： 游戏过程：	照片：
游戏行为分析：	改进措施：
日期： 游戏过程：	照片：
游戏行为分析：	改进措施：

❤ 附观察记录案例

幼儿园微主题活动"了不起的卢沟桥"观察记录表

观察班级	大一班	观察者	李晓芳
所在区域	建筑区	观察对象	金龙、玉辰、楚楚、博洋等
观察时间	2021.9.8—2021.9.21		
观察情况记录	班级正在开展"了不起的卢沟桥"微主题活动，孩子们萌发了要在班里搭建卢沟桥的想法。于是，班里燃起了一股搭建热潮。在建筑区里，几个小朋友通过小组交流设计出卢沟桥搭建图，通过思考"选用什么材料、怎么搭建、在哪里搭建"等问题，完善着搭建方案。整个游戏从计划——选材——选址——运材料——搭建——修改——再尝试，孩子们不断地完善着搭建游戏。有关搭建的趣事在不断地发生。孩子们在不断的探究中进行着游戏。 **第一次观察："彩虹"桥**　　　　　　　　　　　　　**时间：2021.9.8** 游戏开始了。 玉辰：我们来建造卢沟桥吧！ 金龙：好的，试一试。 两个小朋友按照预定计划进行操作，认真地调试着长积木的位置，以保证积木悬空的地方不会塌陷。经过一番大修后，桥体有了新的模样，孩子们如愿以偿地将桥孔搭建在了桥面的下方。但是，紧跟着又出现了新的问题。 玉辰：咱们的桥孔为什么离桥面这么远啊？妈妈带我去卢沟桥看到的桥孔和桥是连在一起的。 金龙：我们可以用积木把中间有缝隙的地方填满，然后桥孔就可以支撑桥面了。 博洋拿来了积木，想把桥墩和桥面的空隙处填满，但桥体有许多异形部分，没办法把积木塞进去。孩子们反复尝试，还是没有成功，正当他们没有思路的时候。 玉尘：我们可以换一些别的材料试一试。 说完，他就从大二班借来了一筐魔方，还到小三班借来了玩具，信心满满地开始了新的搭建。 博洋：我们先用魔方来填满空隙，这样桥下的水就不会把桥冲塌了。 金龙：我用小积塑来搭建，它的颜色像彩虹一样漂亮。 佳佳：对，我们要搭一座"彩虹桥"。 楚楚：那我们请拼插区的小朋友帮我们设计一下围栏吧！这样，才能更像彩虹桥。 经过一番合作创意，彩虹桥已经初具规模。孩子们开心地叫我："老师，快来看，我们的彩虹桥成功了。" 我：你们搭建的卢沟桥非常宏伟，也解决了上次在搭建过程中出现的桥孔不支撑桥面的问题，你们真是太棒了！ 我：咱们可以请其他班级的小朋友来看一看，给咱们提一点儿建议怎么样？ 于是，我们请来了很多班级的小朋友来参观我们的卢沟桥。 大二班妞妞：这个卢沟桥太漂亮了，像彩虹一样，中间有很多缝隙，会漏水吧！ 中一班帅帅：卢沟桥的桥面怎么不是一样宽呢？ 中四班嘉悦：下面的魔方和玩具，是有高、有低的。 其他班小朋友的鼓励和建议使第二天的搭建游戏更有目的性。 博洋：我们没有合适的材料，魔方和玩具很难填满桥孔与桥面的缝隙。 我：我很好奇，你们为什么要先搭建桥面呢？

（续）

观察班级	大一班	观察者	李晓芳
所在区域	建筑区	观察对象	金龙、玉辰、楚楚、博洋等
观察时间	2021.9.8—2021.9.21		

观察情况记录	楚楚：我们想快一点儿搭建好。 博洋：桥孔在桥面的下面啊，我们先搭桥面吧！ 我：有什么办法解决桥孔与桥面缝隙填充的问题吗？ 大家思考着，并没有想出什么具体的解决办法。 我：你们平时盖房子是什么搭建顺序呢？ 金龙：哦！我知道了，咱们可以先搭建桥孔和桥墩，再搭建桥面，就不会有空隙了。 大家肯定了金龙的想法后，纷纷表示明天一定要建造一座美丽的卢沟桥！ **教师思考：** 无论是"椅子桥"还是"彩虹桥"，可以看出孩子们通过搭建在表达他们对事物形象的理解和认识。他们在努力地再现卢沟桥的模样。虽然两次搭建并不怎么顺利，面对同伴指出的问题，他们都乐于接受，不断地对自己的作品进行改进，表现出了较好的学习品质。 **第二次观察：歪倒的桥**　　　　　　　　　　　**时间：2021.9.13** 孩子们有了前两次的经验，信心更足了。 金龙：咱们先来搭桥孔。看一看，用什么材料好呢？ 楚楚：嗯，这次我们要认真地选材料。咱们找一找适合做桥孔的材料吧！ 计划做好后，几个小朋友商量着如何分工，随后，他们像离弦的箭一样冲向了材料柜。 博洋：咱们之前的桥孔太低了，我要选一个高一点儿的桥孔。 说完，他就用两块四分之一圆形的积木拼出了一个半圆形。但是，这个桥孔就像是淘气的小宝宝一样，总是倒塌，尝试了几次，都没有成功。随后，他选了一块小号的积木，搭在了两个桥孔中间，防止它倒下。 金龙：不行，你这样搭，水怎么从桥孔中间流过去呢？ 玉辰：搭好桥孔，还要稳一点儿，可以把桥孔两边用积木挡住，这样还可以做桥墩，支撑桥面，让桥更坚固。 当搭建到第三个桥孔的时候，细心观察的楚楚发现了新的问题。 楚楚：咱们的桥是斜的，你们来看一看。 四个小朋友从桥头望去，果然桥是一条斜线。 金龙：我们可以用长条积木，摆成一条直线，大伙在这条直线上面建造，卢沟桥就不会歪了。 **教师思考：** 可以看出，孩子们对材料的选择是经过认真思考的，两个四分之一的圆形积木相连，拼出了一个半圆形，非常符合桥孔的外形特征。搭建时，他们也能认真地比较材料，依据自己的认知经验采取适合的搭建方法，充分利用了长方体桥墩既稳固了桥孔，又非常符合卢沟桥的外形特性，使作品更具有层次性。孩子们在搭建"卢沟桥"的过程中，将架空、延长、测量等搭建技能充分地展现出来。他们的专注度非常高，始终沉浸在有目的的搭建中，会按照自己的需要寻找、选取、更换材料，使自己的作品尽可能地按照心目中想象的样子去完成。 **第三次观察：对称的桥**　　　　　　　　　　　**时间：2021.9.16** 孩子们分工合作，两人搭建桥的左侧，两人搭建桥的右侧。虽然他们运用了基本的测量知识，但在搭建桥的右侧时，还是遇到了问题。

（续）

观察班级	大一班	观察者	李晓芳
所在区域	建筑区	观察对象	金龙、玉辰、楚楚、博洋等
观察时间	2021.9.8—2021.9.21		

观察情况记录	孩子们想用班里的大地垫来做桥面。 玉辰：我们的桥面搭不上去。 博洋：那我们把右侧往中间调整一下。 玉辰：我来拿着地垫，你进行调整。 玉辰：我的胳膊受不了，谁来帮帮我。 博洋：金龙，你去帮助玉辰拿着地垫，楚楚帮我调整桥墩，这样就可以快一点儿了。 在大家的努力下，全新版的卢沟桥"出炉"了。 **教师思考：** 只有让儿童置身于游戏与自我教育的主体地位，成为游戏的主人，才能激发儿童游戏的积极性、主动性和创造性。每个孩子在游戏中表现出的行为都是他们在活动中的一种自我坚持。教师作为旁观者，可以选择支持幼儿在游戏中的行为，仔细观察幼儿的操作过程，肯定幼儿在游戏中的坚持和解决问题的方法。 **第四次观察：会"滑冰"的小积木**　　　　　　　　　**时间：2021.9.17** 楚楚：我们一起来搭桥围栏吧，可以用中号空心积木来搭围栏。 玉辰发现需要大量的积木，但一次次地搬运积木非常影响工程进度。于是，他和楚楚商量。 玉辰：你来运积木，我来装饰。 尝试之后，搭建速度并没有加快。楚楚思考了一会儿。 楚楚：接住哦！ 只见楚楚蹲着，将积木放在地面上，像滑冰一样滑到玉辰手里。有了搬运"滑道"，搭建的速度明显加快了。 **教师思考：** 游戏中，孩子们专注、认真，当遇到问题时，能够合作想办法解决问题，是游戏兴趣和明确的游戏目的支持幼儿高质量游戏，支持幼儿在游戏中运用智慧。 **第五次观察：有争议的狮子台**　　　　　　　　　　**时间：2021.9.20** 金龙：两个围栏中间需要一个高一点儿的狮子台。 博洋：我拿了三种积木进行比对。长条积木太窄了，狮子没法放在上面；圆柱形做狮子台可以，但这个形状的积木数量太少了；小号空心积木不错，数量多。咱们试试吧！ 金龙连忙跑过去，拿来别的积木，进行尝试。 金龙：圆柱形积木做狮子台效果好。 说完，他拿起积木，摆在桥面上，进行尝试。 博洋：你怎么回事？你这样搭不对，狮子台是长方体的。 两个小朋友都觉得自己的效果好，于是，向教师求助。 博洋：李老师，您觉得我们谁的效果好？ 我：你们先来说一说自己的搭建想法。 博洋：我想狮子台数量很多，空心积木数量够，而且我和妈妈一起去卢沟桥看到的狮子台是长方体的。 金龙：我觉得圆柱体也挺合适。 博洋：那如果数量不够了，怎么办？ 争论还在继续，我提示他们。

（续）

观察班级	大一班	观察者	李晓芳
所在区域	建筑区	观察对象	金龙、玉辰、楚楚、博洋等
观察时间	2021.9.8—2021.9.21		

<table>
<tr><td rowspan="1">观察情况记录</td><td>

我：你们可以先搭建一段看看。

一番操作后，金龙比对了一下。

金龙：看来，还是空心积木更合适，我来帮你吧！

教师思考：

幼儿在发生意见分歧时，教师没有急于给出答案，而是让幼儿通过尝试的方法去体验，从而解决问题。游戏中，幼儿能接受并理解他人的想法，应多给幼儿尝试的机会，引导幼儿学会接纳和理解，从而促进幼儿人际交往能力和社会适应性的发展。

第六次观察："塌陷"的古桥　　　　　　　　　　　　　**时间：2021.9.21**

经过一周多的搭建游戏，卢沟桥已经初具规模。

金龙：今天，咱们该搭建桥面了，用优卡积木吧！

玉辰：好，我去搬材料。

他们用长条优卡积木交错摆放，来搭建卢沟桥的桥面。

金龙：你轻轻地放，别把桥给弄塌了。

玉辰：保证完成任务，桥不会坏掉。

两个小伙伴，你一个，我一个，开心地忙活着。

博洋：你们的桥中间快塌了。

金龙：真塌了，怎么办呢？

这时，金龙发现了旁边的一大筐酸奶杯，想了想，便开始尝试。

玉辰：你搬这个，干什么用？

金龙：用这个（酸奶杯）顶着桥面。这样，我们的桥就不会塌了。

天骐拿着酸奶杯在桥下比画着。他先拿了一摞酸奶杯，轻而易举地放在了桥下，根本没有起到支撑的作用。于是，他又加了两个酸奶杯，还是太矮了，又加了三个酸奶杯，可这次又太多了，怎么也放不进去了。他思考了一下，拿下来一个酸奶杯，然后，小心翼翼地把一摞酸奶杯放在桥下，成功了。

金龙：每次需要八九个酸奶杯。你放的时候，一定要慢一点儿。

卢沟桥的搭建不断完善着，游戏还在继续，创意还在继续。

</td></tr>
<tr><td>评价与分析</td><td>

虽然卢沟桥的搭建因为困难重重，经常"惨遭停工"，但是丝毫也不影响孩子们搭建的热情。为了弥补桥面塌陷的问题，孩子们想出用酸奶杯支撑的办法。在游戏中，孩子们的感知经验很丰富，解决问题的能力和学习品质都有了很大的提升。

分析评价：

1. 卢沟桥独一无二的特点激发了孩子们的好奇心与探究兴趣。教师依据幼儿年龄特点，引导幼儿了解卢沟桥的历史，走在卢沟桥上，探密卢沟桥，从而培养幼儿爱祖国、爱家乡的情感。

2. "趣搭卢沟桥"主题活动经历了"计划——选材——选址——运材料——搭建——修改——再次尝试"的过程。整个过程中，教师始终追随幼儿的兴趣和脚步，从问题引发到材料支持，从小组讨论到修改搭建计划，从搭建作品到完善作品。整个过程都是以幼儿为中心的自主探究式学习。

3. 教师由浅入深地支持幼儿游戏，鼓励幼儿大胆尝试利用多种材料开展搭建游戏。幼儿懂得整合自己多学科的经验，实现跨领域的学习，最终获得多领域关键经验的发展。

</td></tr>
</table>

(续)

观察班级	大一班	观察者	李晓芳
所在区域	建筑区	观察对象	金龙、玉辰、楚楚、博洋等
观察时间	2021.9.8—2021.9.21		
评价与分析	4. 幼儿解决实际问题的能力得到了提升，通过与同伴协商、合作，不断尝试、改进搭建方案，解决了在搭建游戏过程中出现的种种问题，最终在班级呈现出一座美丽的卢沟桥作品，体验搭建成功的喜悦。 5. 游戏中，孩子们始终保持着高度的热情，在遇到困难时，能够主动想办法解决，探究兴趣不断升温，动手能力也在不断提高，形成了专注、坚持、善于反思的良好学习品质。		
教师介入及策略	活动中，四个小朋友都是有想法的，他们的动手能力很强，无论是"椅子桥"还是"彩虹桥"，都可以看出孩子们通过搭建在表达对事物形象的理解和认识。在"歪倒"桥和"对称"桥的搭建游戏中，孩子们通过不断测试，解决着游戏中的种种问题，幼儿在有争议的狮子台和"塌陷"桥的搭建过程中，逐步完善作品。下一步，我们会引导幼儿细致观察卢沟桥，逐步调整材料投放，如，孩子们可以在美工区捏出造型各异的狮子、绘画狮子台上美丽的花纹。同时，引发幼儿讨论还可以怎样完善作品。		
改进措施及目标	一块块沉甸甸的积木变成了一座古桥。每一块积木都写满了孩子们的故事。而我们要做的就是保护孩子们天真而有创意的想法，帮助他们合理地将自己的想法表现出来。他们的想法是天马行空的，而优秀的设计师不就是从奇妙的想象开始的吗？相信只要孩子们脑洞大开，我们就会看到一个充满无限创新与可能的世界。		

（一）找准"问题关键点"，助推幼儿自主探究式学习

我们逐步认识到，园本课程的研究必须引发教师找准问题的关键点，关注幼儿已有经验，形成一个个赋有班本特色的探索性主题课程。在研究微主题活动的过程中，我们发现有些教师在助推活动的过程中，捕捉问题关键点的能力不足。于是，我们带领教师回顾师幼互动过程、寻找问题的症结，引导教师追本溯源，回顾讨论，探索给予幼儿更多思考空间的策略与方法，让幼儿"有话想说""有话可说"，助推幼儿产生自主探究的欲望。班级通过"幼儿日记""幼儿采访""幼儿表征"等多种方式，帮助教师对幼儿当天的游戏进行深度反思与复盘，耐心倾听幼儿的声音，推动微主题活动的深入开展。

1. 学会判断

一个好的、有深度的"探索点"才有可能实现深度探究。教师应分析幼儿感兴趣的事物中所包含的学习机会，把握好其中可能遇到的困难和需要努力的方向与程度，尝试设置"具有激励性的'困难'或'问题'，使儿童的活动复杂化"，能激发幼儿的探究兴趣，培养幼儿的探究精神及解决问题的能力。

例如：在中班"秋收冬藏"的微主题活动中，孩子们开始思考"冬藏到底藏什么？怎么藏呢？"他们通过调研得出一些储藏的好方法。这时，一个发了

霉的南瓜引发了孩子们的热议。"妈妈说，菜放在冰箱里，就不会坏！""我奶奶做的腌菜为什么不会坏？我觉得把菜泡在水里，就不会坏了。"在倾听幼儿的想法和问题后，教师为幼儿提供了更多的材料和机会，让他们亲自动手进行尝试，最终得出准确的结论，带给他们更多不同的体验。教师要把握好幼儿游戏中可能遇到的困难和需要，尝试设置"具有激励性的'问题'或'挑战'"。因此，"储菜大比拼"活动随即生成，幼儿寻找储存蔬菜的方法，制订储存计划，开展"储菜小分队行动"等活动。教师通过提出问题使幼儿的活动复杂化，也能激发幼儿的探究兴趣，形成探索性的环境。

2. 学会拓展

问题线索明晰后，我们再把目光转向具体问题，启发教师思考活动的适宜性及解决问题的路径，引发教师在游戏前进行"深挖掘"、游戏中进行"深思考"、游戏后进行"深拓展"，助力幼儿思考"你想怎么玩""还能怎么玩"，鼓励教师利用"多维资源"智慧地推动幼儿游戏向深层次发展。

例如：微主题活动"有'板'有眼"。晾晒后的蔬菜干引起了孩子们的关注和兴趣。无意间，这些蔬菜干成了小朋友们游戏的"伙伴"。他们将蔬菜干通过版画的形式，创意出许多有意思的作品，而这一发现，大大激发了幼儿对创作版画的欲望和兴趣。小朋友们结合生活经验，创编了属于自己的版画游戏。教师引发幼儿进一步思考"版画还能怎么玩""你还想怎么玩"，从而激发了幼儿游戏的兴趣。磨印乐趣、叶之歌、小物件版画、漂亮的底纹……孩子们对于这些独特的游戏方式非常感兴趣。在玩的过程中，孩子们不断探索、不断发现，共同建构了"有'板'有眼"美工坊。在"探"的过程中，孩子们发现了板材的特殊性，通过与材料的互动，感受材料的趣味性，从而创设出具有班级特色的微主题环境。

3. 学会解读

在实践中，我们发现教师判断、拓展游戏的能力固然重要，但教师理解儿童的想法、从不同层面读懂儿童心理、思维、意愿、想象、需要和情感更为重要。

幼儿表征是读懂幼儿内心世界的关键。为此，我们开展了"让游戏跃然纸上——读懂幼儿表征"的活动，对初探表征、解密表征、解读表征三个方面进行了深入浅出的解析。

小班幼儿绘画处于涂鸦期，喜欢将圈圈和线条简单组合，绘画形态较为单一，画面以想象为主。在教师的提醒下，能简单地说出画面中"是什么"，不过对于"为什么"和"怎么做"的表达尚处于初级阶段。

中班幼儿开始出现多元化符号的组合。幼儿能将记录表征的内容进行碎片化的语言整合，能较为连贯地分享自己记录的内容。

大班幼儿的绘画水平明显提高，能进行画面整体布局的思考。幼儿能清楚地表达自己的所画与所想，并能通过自己的想象对记录内容进行表述。

教师们在思维碰撞后对"幼儿表征的实践与运用"进行了更深入的了解，通过儿童的表征能看见儿童、看懂儿童，从而不断支持与助力儿童的学习与发展。

4. 融入自然

当下的幼儿教育提倡回归本真。我们常常想：小朋友喜欢玩什么？摔泥巴、跳皮筋、过家家……儿童的游戏应以自然为友，以万物为师。我们潜心创设自然环境，引导幼儿走进自然，亲近自然，充分利用幼儿园户外的自然环境，每一处拐角、每一种材料都被教师巧妙地加以利用，让幼儿园成为孩子们的学习乐园和游戏场所。

例如：微主题活动"挖建水渠"。小朋友们走进小菜园，开启了一场关于挖建水渠的奇妙之旅。"我们要挖一条长长的水渠，让水流到小菜园里。"孩子们修建的小水渠已初具规模，首次放水试验却失败了。"水渠太浅了，水流不过去。""我要挖一条深深的水渠，这样，水就会成功地流进小菜园里。"孩子们不断地探索着、记录着，在游戏中不断地发现问题、解决问题、优化方案，创设出自然本真的游戏。真实的大自然开放、灵活、留白。有趣的自然环境让儿童愿意亲近，喜欢探究，更加热爱、融入。教师们巧妙地将班级区域游戏与户外区域游戏相结合，形成了一幅唯美的画面，自然课程让孩子们真正获得了快乐与发展。

（二）倾听儿童思想，"破圈"微主题环境创设

结合课程游戏化的思想，我们带领教师从改变班级环境入手，立足"小视角"，开拓创新性。我们聚焦主题经验——审视微主题活动的推进，以问题为突破口，梳理微主题环境创设路径，梳理支持幼儿游戏的最佳途径和方法，促进幼儿自主探究、深度学习。

首先，引发教师思考：孩子喜欢什么样的环境？什么样的环境是好的环境？教师们通过研讨和案例分享得出结论：好的环境是儿童十分关注的环境；是与其相互作用的动态化环境。结合课程游戏化精神，我们以幼儿生活经验为基础，基于幼儿生活，关注幼儿兴趣与需要，进行动态化地环境改造。

1. 空间变革

教师们基于幼儿实际情况与水平，带着问题，交流、讨论、分享各自的学习心得和经验，并针对现阶段幼儿游戏主题、游戏行为作出进一步的分析与思考，对区域空间进行了调整，给幼儿活动留足空间，呈现出个性化十足的展现形式，发挥空间环境"动"的形式。空间变革后的微主题环境使幼儿活动更开放、自主。

（1）变封闭区域为开放区域。

我们对空间进行了调整，以提供游戏材料的方式进行动态化空间调整，给幼儿活动留足空间，趣味的钓鱼场、泡泡乐园、野趣娃娃家、拯救树叶公主……不固化区域游戏内容，自然的游戏场域，开阔的空间设置，让孩子们自由自在地畅游在游戏的世界里。

（2）变"静态游戏空间"为"动态游戏空间"。

动态的空间、创意的摆放，呈现出个性化十足的游戏内容，随处可见的材料小车，随时变换功能的帐篷乐园，充分发挥空间环境"动"的特点，构建一个以游戏需求为中心的动态空间。

在户外区域游戏中，各区域之间没有明显的界限，幼儿可以根据自己的兴趣自主进行选择。合理布置户外场地的每一个角落，所有材料都可以跟随幼儿的兴趣与需要自由地整合、拆分。这让空间变得更加灵动，也让孩子们真正成了游戏的小主人。

2. 材料的变革

随处可见的自然材料、支持幼儿探究的低结构材料、完整记录幼儿学习过程的主题墙、有"设计感"的自然游戏……这些都为幼儿深度探究与学习提供了有力的支持。我们只是把空间留给孩子们，等着孩子们一点儿、一点儿地去填满。材料变革后，微主题环境更加支持幼儿深度探究与学习。

大自然是最好的老师，它有着和煦温暖的阳光、洋洋洒洒的落叶、硕果累累的果树……这都是大自然的馈赠，是小朋友们的最爱，同时，也是最好的教育资源。我们将区域游戏材料搬到了户外，和孩子们一起收获果实、捡拾落叶、进行拔根比赛……结合场地、季节特点创设了更多孩子们真正喜爱的游戏，包括游戏规则的制订，也会通过"儿童会议"的形式进行并记录。

3. 室内、外空间整合

我们打破了传统的室内区域游戏，走向了美丽的大自然。孩子们从低头操作玩具材料，变成了全身心投入游戏；从在局促的舞台上表演，变成了在自然中放声歌唱、与树叶共舞……

教师将幼儿园可利用的空间分为平面、立面和天面三个维度，从不同维度为儿童发展提供可操作的环境。其核心理念是因地制宜开展室内、外一体化游戏活动，最大化地支持儿童学习与发展。空间整合后的微主题环境营造出一种温馨、和谐的生活游戏氛围。在这种空间和氛围下，幼儿会积极、主动地学习、探索和思考。

在课程游戏化研究的路上，我们应把游戏还给孩子，把材料还给孩子，把空间还给孩子，追随孩子的喜好，追随他们探索的脚步，做爱"研究"的教师，给孩子创设一个更有意思的童年。

六、幼儿园开展微主题活动的效果

我们通过微主题生成式课程的实践与研究，发现幼儿、教师、家长都发生了巨大的转变。

（一）幼儿转变

幼儿能够积极、主动投入活动，过程中认真专注、积极互动、乐于想象。

（二）教师转变

教师在活动中能够细致观察幼儿、捕捉幼儿兴趣、关注幼儿问题、生发课程，使得班级课程更加有生命力，幼儿持续关注度更高。在此过程中，教师的教育观念与行为、深入研究游戏的意识都有了一定程度的提升。

（三）家长转变

在微主题活动实施过程中，家长与幼儿一起走进大自然、走进博物馆……开启了一次次探秘之旅，放手幼儿，支持幼儿自主观察、自主发现、自主探索，家长的育儿观念也得到了提升。

幼儿、教师、家长三者之间形成了良性循环，促进了幼儿园保教质量的提升，实现了幼儿、教师与家长的共同成长和发展。

第二章 传统文化篇

微主题活动一 向"筷"乐出发（中班）

教师：任嘉琪

扫码看彩图 2-1-1

活动背景

小班幼儿在升入中班后，开始学习使用筷子。餐具的变化引出了一系列问题。我们观察发现，孩子们在刚开始接触筷子时，因为不会使用筷子，个别幼儿产生了抗拒、厌烦情绪，导致不愿意来园，还有的小朋友会抱怨："筷子实在太难用了！""我夹不住菜。""上中班好难呀！""我家里的筷子是连在一起的，和这个不一样。"……孩子们一方面感到很茫然，另一方面又对筷子这个新鲜事物感到好奇。《指南》中要求4~5岁的幼儿"会用筷子吃饭"。因此，我们的筷子活动就此展开。

幼儿兴趣生发后教师思考

首先，我们对幼儿进行了调查，引导幼儿通过表征的方式将想要和筷子一起做的事情画了下来，孩子们的想法很奇特。在这个过程中，教师给予幼儿大力支持。为了让孩子们体验和筷子做游戏的乐趣，我们在区域里也投放了相应的材料，孩子们开始创编关于筷子的趣味游戏。

活动目标

1. 掌握正确使用筷子的方法，提高手指的灵活度。

2. 通过摸、看、玩筷子，让幼儿了解筷子是用哪些材料制成的及筷子的用途和特点。

3. 知道筷子起源于中国，是中华民族的传统餐具。

4. 能够运用多种表现形式进行筷子的艺术创作。

5. 激发幼儿想象，能用筷子进行创意搭建。

活动过程

活动（一） "筷"历史

1. 为什么使用筷子

一双筷子不仅蕴含了中国人丰富的情感，而且是中华民族文化传承的载体。幼儿升入中班后，班里出现了新的就餐工具——筷子。孩子们拿着筷子，不停地议论着。

墨墨：老师，为什么我们小的时候用勺子，现在非要用筷子呀？

悠悠：幼儿园的筷子和我家里的不一样，我在家用的是学习筷。

子恒：筷子太难用了，能不能不用了？

渤航：我们暑假班的时候，就用过筷子，我觉得不难呀！

菲菲：我在家也练习过，我也觉得不难。

多多：大人也用筷子吃饭。

天希：我们为什么要用筷子吃饭呢？

"我们为什么要用筷子吃饭？"这个问题引发了孩子们的猜想（图2-1-1、图2-1-2）。

图2-1-1

图2-1-2

2. 筷子的故事

我们到底为什么要用筷子吃饭呢？筷子又有什么故事呢？

首先，我们从筷子的由来说起：筷子源于中国，距今已有三千多年的历史。在远古时代，人们都是用手抓食物进食。后来，人们会用火烹煮食物后，吃热的食物时，就用木棍来帮忙。久而久之，人们便练就了用木棍取食物的本领。大约到了原始社会末期，就有了用树枝、竹片或动物骨骼制成的筷子（图2-1-3、图2-1-4）。

图 2-1-3　　　　　　　图 2-1-4

天希：我们的筷子，原来那么早就有啦，太神奇了！

滢滢：筷子是我们中国人发明的，他们太聪明啦！

哲哲：筷子是不是像恐龙一样，很早就有了？

熙熙：吃面条的时候，还是筷子更好用，一下子就能夹起来。

园宝：是呀！用筷子从盘子里夹菜不会掉，用勺子就容易洒在桌子上。

同同：我也想学使用筷子。

教师思考

　　幼儿升入中班后，餐具产生了变化，由原来使用勺子变为开始使用筷子。他们感到有些困难，奇怪"我们为什么要用筷子"。幼儿在了解了筷子的由来后，对使用筷子产生了兴趣。

活动（二）　"筷"乐用餐

1. 筷子巧使用

　　儿歌《小筷子》的引入，激发了孩子们对筷子的兴趣，他们纷纷主动学习正确使用筷子的方法，看看他们是不是很会用筷子呀（图 2-1-5、图 2-1-6）！

附儿歌：

小　筷　子

小筷子，手中拿，

三个指头捏住它。

食指中指上下动，

好吃饭菜夹住它。

图 2-1-5　　　　　　　　　　　图 2-1-6

2. 使用筷子的礼仪

幼儿用餐时，经常出现咬筷子、掉筷子、玩筷子等现象，该用什么方法让孩子们学会文明使用筷子、了解筷子的礼仪呢？

教师通过谈话，让孩子们了解了使用筷子的注意事项及相关礼仪。

宁宁：把筷子放进鼻子或者嘴巴里是非常危险的（图 2-1-7）。

天希：用筷子的时候，如果晃来晃去，饭菜就会掉在桌子上（图 2-1-8）。

图 2-1-7　　　　　　　　　　　图 2-1-8

教师思考

小小的筷子蕴含着很多的文化和礼仪。孩子们平时咬筷子、掉筷子、玩筷子的现象非常多。教师通过对话的方式，倾听幼儿对筷子礼仪的认识，为幼儿讲解使用筷子的注意事项和相关礼仪，加深了幼儿对筷子的了解。

活动（三） "筷"乐探索

1. 设计并装饰筷子

"筷子有哪些用途？有哪些材质的筷子？"关于筷子的话题，孩子们似乎有着无数的"为什么"。

家祺：筷子原来不只是用木头做的，还有用不同材料做的（图2-1-9）。

墨墨：上面还有这么多漂亮的花纹和装饰（图2-1-10），真是太有趣啦！

图2-1-9　　　　　　　　　　　　图2-1-10

小朋友们发现筷子上面漂亮的花纹和图案，这引起了他们浓厚的设计兴趣。他们跃跃欲试，想设计出一双自己的筷子。他们用彩泥在筷子上专心地创作着。瞧！筷子顶端还有可爱的卡通造型（图2-1-11、图2-1-12）。这些无不展现了他们对筷子的喜爱和创意。

图2-1-11　　　　　　　　　　　　图2-1-12

2. 我想和筷子一起做的事

著名的教育学家苏霍姆斯基曾经说过："儿童的智慧在手指上。"在孩子们的眼里，筷子有着无限的可能，他们想和筷子玩哪些游戏呢？

棠棠：我想教小朋友用筷子（图2-1-13）。

团子：我想用筷子跳舞（图2-1-14）。
宁宁：我想设计漂亮的筷子（图2-1-15）。
天希：我想做筷子小人（图2-1-16）。
澄澄：我想用筷子做漂亮的花朵（图2-1-17）。
渤航：我想用筷子搭一座大楼房（图2-1-18）。

图2-1-13   图2-1-14

图2-1-15   图2-1-16

图2-1-17   图2-1-18

3. "筷"乐游戏

于是，班里开展了很多关于筷子的游戏，加深了孩子们对筷子的了解和喜爱。

（1）筷子夹夹夹。

在区域游戏中，孩子们练习用筷子夹取各种物品（图 2-1-19），他们还互相比赛（图 2-1-20），促进了使用筷子的技能发展。

图 2-1-19

图 2-1-20

（2）筷子舞。

我们在表演区中投放了筷子舞的道具。孩子们听着音乐，快乐地感受与表现着传统舞蹈《筷子舞》的韵律（图 2-1-21）。

图 2-1-21

（3）"筷"乐拼摆。

①把废旧的筷子投放在区域中，孩子们会有什么想法呢？他们会怎么

玩呢?

　　小朋友们看到筷子后,自然而然地拿起来开始拼拼摆摆(图2-1-22~图2-1-24),从简单的图案(图2-1-25)中也能看出孩子们对筷子拼摆游戏的兴趣和他们特有的想象力。

图2-1-22　　　　　　　　　　　图2-1-23

图2-1-24　　　　　　　　　图2-1-25

　　②制订拼摆计划。

　　幼儿非常喜欢玩筷子拼摆游戏。因此,教师引导幼儿在纸上画出了筷子拼摆的设计图(图2-1-26)。

　　孩子们有了一定的筷子拼摆经验后,作品也越来越丰富(图2-1-27、图2-1-28)。

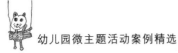
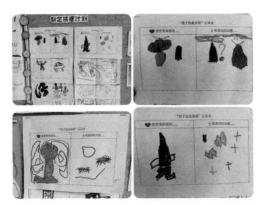

图 2 - 1 - 26

图 2 - 1 - 27   图 2 - 1 - 28

③偶遇"银杏游乐园"。

孩子们在银杏树下游戏后，又有了新的想法（图 2 - 1 - 29）。

图 2 - 1 - 29

天希：这里真是太好玩了，还那么漂亮！

团子：是呀！如果班里也有一个"银杏游乐园"，那该多好呀！

子恒：我们可以设计一个"银杏游乐园"呀！

A. 设计"银杏游乐园"。

孩子们进行了"银杏游乐园"的设计（图2-1-30）。

图2-1-30

B. 初建"银杏游乐园"（图2-1-31、图2-1-32）。

尽管孩子们的拼摆作品造型简单，还是能从中看出孩子们专注地游戏与探索。

图2-1-31　　　　　　　　　　　　　　图2-1-32

C. 再建"银杏游乐园"（图2-1-33、图2-1-34）。

孩子们在不断的创作和建造中，重新调整着"银杏游乐园"的设计。在游戏中，他们互相合作，使用筷子和其他辅助材料拼摆的技巧也越来越精进，拼摆出来的筷子作品也越来越丰富。

图 2-1-33

图 2-1-34

D. 银杏树下的"银杏游乐园"。

在户外的大区域游戏中，孩子们将筷子拼摆游戏搬到了户外（图 2-1-35、图 2-1-36）。

图 2-1-35

图 2-1-36

大大的场地，小小的筷子已经不能满足游戏的需要，木棍的出现又打开了孩子们的探索之门。接下来，孩子们又会进行怎样的探究呢？我们也期待着（参看视频 2-1-1）……

扫码看视频 2-1-1

活动反思

本次活动让我深刻地理解了"生活即课程"这一核心概念。孩子们不经意的一句话都可以成为很好的教育脚本，我们应该鼓励他们在生活中学会观察与探索，让他们与生活中的人、事、物紧密联系在一起，从而获得知识与生活经验，学会与人交流、合作、分享。微主题活动还能提升孩子们参与活动的兴趣，随时产生的想法也会变为学习的动力。直到现在，孩子们的"筷"乐旅行还在继续。我们将陪伴他们，和他们一起继续向"筷"乐出发！

微主题活动二 有"板"有眼（中班）

教师：王 雪

扫码看彩图 2-2-1

活动背景

生活化、游戏化课程倡导幼儿在日常生活中通过游戏来获得发展。一日活动皆课程，课程和生活、游戏密不可分。《指南》也强调要"最大限度地支持和满足幼儿通过直接感知、实际操作和亲身体验获取经验"。"有'板'有眼"这个主题活动契合《指南》精神，选择实际生活中的材料，通过各种玩版画的游戏让幼儿学到了有关版画创作的知识和经验，也感受到了玩的乐趣。我们发现孩子们对美的事物特别感兴趣，他们喜欢尝试、喜欢探索、喜欢游戏。当揭开复刻板的那一刻，孩子们会用欢呼、拍手来表达版画创作成功的喜悦之情，他们对此充满了好奇。

幼儿兴趣生发后教师思考

大班幼儿正在开展版画活动，为幼儿园的教师每人制作了一个书包。当我拿着大班哥哥、姐姐送给我的书包走进教室时，引来了我们班小朋友的关注。小朋友们你一言、我一语地交流着："这个书包真好看，是怎么做的呢？""它的线都是白色的，我画的线是黑色的。""它好像是印上去的吧！"于是，我告诉孩子们，这个叫作"版画"。听到这句话，孩子们的讨论更加激烈了："什么是版画？""是在板子上画的画吗？""不对！是在板子上做的吧？"

从孩子们热烈的讨论中，我感受到他们对版画这种美术表现形式非常感兴趣，"版画是怎么制作的"正是幼儿最为关心的话题。教师应追随幼儿的兴趣，支持幼儿在与版画游戏的亲密接触中，去感受美、欣赏美、表现美、创造美。那么，当童真的艺术表现需求与版画的艺术形式相碰撞时，会发生什么有趣的事情呢？让我们一起来看一看吧！

活动目标

1. 通过看一看、试一试、玩一玩等游戏，帮助幼儿了解版画创作的方法。

2. 幼儿在探索与尝试中，不断增长生活经验。

3. 能用多种感官去探索事物，对新鲜的事物和现象感兴趣。

4. 能够利用生活中的材料，大胆表现自己想要表达的事物。

5. 培养幼儿不怕困难、认真专注、敢于尝试的良好学习品质。

活动过程

活动（一）　探秘版画

幼儿园大班的小朋友们在开展版画活动，为幼儿园的老师们每人制作一个书包。当我背着这个包进班时，引来了小朋友们的注意（图 2-2-1）……

图 2-2-1

清清：这幅画怎么模模糊糊的？

劢劢：这幅画的线是白色的，我画的线是黑色的。

我：你觉得哥哥、姐姐们是怎么做出来的呢？

蘅宝：它好像是印上去的，不像是画的。

子义：那到底是怎么做的呢？

1. 一起寻找答案

在和孩子们探秘之前，我在网上找到了关于版画创作的视频，爸爸、妈妈还和孩子们一起收集、欣赏了版画作品。在欣赏视频的过程中，孩子们初步了解了版画的创作方法，知道了版画是在板子上完成的美术作品（图 2-2-2、图 2-2-3）。

2. 原来是这样呀

思允：原来版画是用尖尖的笔在板子上刻出花纹，和我们以前画的画不一样（图 2-2-4）。

小艾：原来是在板子上刻出一条深深的印儿，然后再印到别的纸上去。

灏昂：版画就是在一张木板上先刻好，然后刷上颜色，再印到另外一张纸上（图 2-2-5）。

嘉好：这也太好玩了，就像变魔术一样。

希希：小木笔是什么样子的？也能画画吗？我好想试一试呀！

图2-2-2

图2-2-3

图2-2-4

图2-2-5

教师思考

儿童有着与生俱来的好奇心和探索欲望。他们看到哥哥、姐姐送给老师的版画书包后，对版画产生了好奇，这也引发了他们的讨论与猜想。他们迫不及待地想要试一试创作版画。此刻，教师捕捉到了孩子们的兴趣点，准备支持幼儿游戏，鼓励他们大胆尝试……

活动（二） 版画大揭秘

1. 没有板材怎么办

在最初的探索中，教师为幼儿投放了大量不同种类的板材，供幼儿探究。孩子们在探究过程中，有成功的，也有失败的。比如，选用木板的小朋友在刻的时候发现木板太硬了，刻不出来；而纸板在拓印的时候，出现了一条细细的白线；用吹塑纸的小朋友轻轻地用小刀一划，就能印出很明显的图案轮廓，但

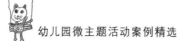

稍微用点儿力气，吹塑纸就会断开；在刻 KT 板时，没有吹塑纸那么容易。孩子们通过对比观察，发现不同的板材印出来的效果是不一样的。于是，在众多的板材中，孩子们筛选出了适合进行版画创作的材料（图2-2-6、图2-2-7）。

图2-2-6　　　　　　　　　　　　图2-2-7

伊伊：美工区有做手工的板子呀！

鸣鸣：建筑区还有搭房子的板子，可以向建筑区的小朋友借用一下。

晗晗：我知道科学区有纸板，也是硬硬的。

劢劢：我们去试一试吧！

2. 这些板子都可以做出版画吗

孩子们经过了之前的探究与体验，对版画的创作方法和板材有了进一步的认识与了解。他们意外地获得了"不同材质的板材印出来的版画效果不同"的经验，这也激发了他们想要再试一试、玩一玩的创作欲望（图2-2-8、图2-2-9）。

图2-2-8　　　　　　　　　　　　图2-2-9

3. 我们的新发现（图 2－2－10～图 2－2－15）

思允：铅笔可以在吹塑纸上刻出各种图形和线条。

烨烨：建筑区的 KT 板可以用木头笔刻出花纹。

晗晗：吹塑纸可以刻出小花朵的形状，而且很容易刻出弯弯的线。

多米：木板太硬了，木头笔刻不出花纹的。

熙言：纸板用木头笔能刻出一道很浅的印儿。

灿灿：KT 板能刻出深深的线条，但是不能太用力，要轻一点儿。

图 2－2－10

图 2－2－11

图 2－2－12

图 2－2－13

图 2 - 2 - 14

图 2 - 2 - 15

教师思考

　　版画，这种绘画方式对于孩子们来说是新奇的。他们在游戏中通过发现、探索、尝试，了解到针对不同的板材使用的刻画工具也不同。他们在亲身体验的过程中充分感受着绘制版画的乐趣。基于幼儿在游戏中的需要，师幼共同收集了各种板材，幼儿开始了版画的创作之旅。

活动（三）　自主探究，初做版画

　　在与版画充分游戏之后，孩子们迫不及待地开始了第一次创作，有趣的版画带给孩子们更多的发现与思考（图 2 - 2 - 16～图 2 - 2 - 19）。

图 2 - 2 - 16

图 2 - 2 - 17

图2-2-18

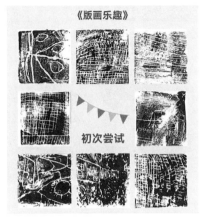
图2-2-19

1. 我的图案看不清楚怎么办（图2-2-20）

彤彤：刻的时候要使点劲儿，不然花纹就会很浅、很浅。

小艾：有可能是刻的时候没有用力气，太轻了，（印出来的版画）就会不清楚。

清清：我在印第一张画的时候，发现颜料涂得太多了，也会不清楚的。

灏昂：如果塑料刀不行，可以试试小树枝。

图2-2-20

2. 我的好方法

游戏中，孩子们不断总结绘制版画的经验，并用表征的形式和同伴分享自己的好方法（图2-2-21～图2-2-26）。

图 2 - 2 - 21

图 2 - 2 - 22

图 2 - 2 - 23

图 2 - 2 - 24

图 2 - 2 - 25

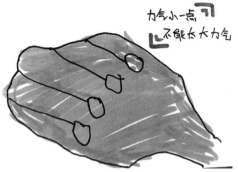

图 2 - 2 - 26

3. **我的板子怎么裂开了**（图2-2-27）

图2-2-27

熙言：用笔划的时候，手腕不能太使劲儿了，不然，就会裂开了。

悦悦：要轻轻地拿着它才行。

灏昂：板子太薄了，轻轻一掰，就裂了。

熹熹：用笔刻的时候，不能把它完全刻开。

4. **我的版画怎么模模糊糊的**（图2-2-28）

游戏中，孩子们不断地遇到新问题，又在探索中一一解决，这让孩子们对有挑战性的版画游戏产生了浓厚的兴趣。

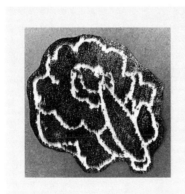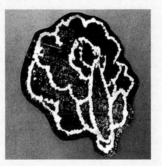

图2-2-28

安安：可以把板子贴在纸上印，这样就不会跑了（图2-2-29）。

正者：用小手轻轻地按压一下，不要来回移动（图2-2-30）。

伊伊：要轻轻地印，不能使劲儿拍画。

悦悦：不要一直拍，那样纸会跑的。

图 2 - 2 - 29　　　　　　　　　　　　　　图 2 - 2 - 30

教师思考

　　孩子们在初探版画的过程中遇到了很多问题，又在一次次尝试中找到了解决问题的方法，在探索中感受着玩版画带来的"大学问"。他们通过和同伴一起探究，感受着版画游戏带来的乐趣，体验着与同伴共同游戏的快乐。

活动（四）　绘画"小镇地图"

　　一天，区域游戏时，建筑区的小朋友们需要一张小镇地图。他们来到了美工区，想请美工区的小朋友们帮助他们（图 2 - 2 - 31、图 2 - 2 - 32）。

　　泽宝：我们需要一张小镇地图，你们能帮我们画一张吗？

　　辰辰：可以呀！是什么样子的小镇地图呢？

　　嘉妤：我们画好了，给你们送去吧！但是，需要等一下。

图 2 - 2 - 31　　　　　　　　　　　　　　图 2 - 2 - 32

教师思考

　　孩子们通过前期对版画的探索及解决问题时的思考，再次创作时，能够大胆刻画，他们心里充满了成就感。

活动（五） 版画大变身

孩子们的版画作品越来越丰富多彩，想象力也更加有趣。教师收集了孩子们的作品，还进行了展示。在作品展示过程中，幼儿也会很自豪地向同伴介绍自己的作品（图 2-2-33～图 2-2-36）。

图 2-2-33

图 2-2-34

图 2-2-35

图 2-2-36

教师思考

生活中的一次偶然发现，让孩子们对版画游戏产生了兴趣。在与材料的互动中，孩子们的心中不断涌现很多有意思的想法。他们喜欢尝试、喜欢探索、喜欢游戏。当揭开复刻板的那一刻，孩子们会用欢呼、拍手、惊讶的表情来表达版画创作的成就感和内心的喜悦。也正是这样的情感体验，促使孩子们在乐

学、乐玩的世界里表现美、创造美。

活动反思

教师是幼儿游戏环境的创造者、游戏过程中的观察者、游戏进程的支持者。在游戏的过程中，我们要看懂幼儿的游戏内容、游戏过程，解读他们的游戏行为，找到支持他们的有效策略，从而推进他们的游戏发展，促进他们深度学习。教师通过本次活动的开展，主要从以下几个方面进行了反思：

1. 关注幼儿的已有经验，捕捉美术活动的契机。

生活就是课堂，所有的课程内容都要从幼儿的实际生活与经验里筛选出来。"有'板'有眼"微主题活动以幼儿的发现作为活动的切入点。孩子们结合已有的生活经验对板材进行探究，最终筛选出适合绘制版画的板材。教师对幼儿关注版画创作的书包及时给予了支持，尊重幼儿的兴趣和求知欲，给幼儿更多的自由，让幼儿在宽松的氛围中、在实践中充分用眼、用手、用脑去发现、去探索，努力发挥幼儿的主体作用。

2. 把握中班幼儿的学习规律，提高幼儿审美能力。

中班幼儿对周围事物有认识和探索的兴趣，喜欢欣赏美的事物。而孩子们的想象力常常是在游戏、操作、观察活动中有所发现，从而产生各种奇思妙想。如，在趣玩版画中，孩子们会把手套印出来的图案当做小鸟的家、会把气泡纸印出来的图形当做太空的月球等。在孩子们互相欣赏版画作品时，我问道："你看到了什么？""想到了什么？""你认为画中哪里最好看？""这幅画给你什么感受？""如果让你画，你会怎样画呢？"教师要耐心地倾听孩子们的回答，逐渐提高幼儿的审美能力及对美的感受力和理解力。

3. 鼓励幼儿自主探究，引发新的游戏内容。

探究板材的过程是幼儿真实体验的过程。我们投放的材料也跟随着孩子们游戏的不断深入、生活经验的不断积累而变化着。我们追随着儿童的兴趣和需要，开启了关于版画的游戏和探究。孩子们从探索不同板材和适宜的工具，到尝试不同板材印出来的版画有不同的效果，再到最后的趣玩版画，孩子们在游戏中，不断丰富着自己的游戏内容，迁移着自己的已有经验。这也让我们看到了幼儿身上的游戏精神。

整个活动开展下来，我们和孩子们都收获满满。在一次次的探索中，孩子们从对版画的观察到体验、从了解版画到探究板材、从材料的选择到艺术表现，先是关注经验，然后是建构经验，是一个层层递进的过程。幼儿在玩版画的同时，这种经验的获得又促使幼儿实现螺旋式的经验提升。我们在这其中，始终跟随幼儿的脚步，关注幼儿的视角，倾听幼儿的对话，理解幼儿的学习方式，以陪伴者的身份参与到孩子们的游戏中。

微主题活动三 你好，青花瓷小猫（中班）

教师：朱 静

扫码看彩图 2-3-1

活动背景

这是由图书区的一本绘本《小青花》引发的活动。故事中的瓷摆件小猫名叫"小青花"。四月，这只瓷猫小青花摆在窗台上。一只小花猫跑了过来，它觉得小青花哪里都去不了，太可怜了。于是，小花猫带着它踏上了寻找生命的旅途，小青花也越过了重重阻碍，最终变成了真正拥有生命的小猫，从此能自由自在地奔跑……

孩子们的思维随着小青花的旅途而"行走"，故事听完后，他们却意犹未尽，讨论不断："'小青花'为什么叫这个名字？拥有生命后的它又是什么样的……"

就这样，在一场热烈的集体讨论中，"青花"与"小猫"便与中二班的小朋友们邂逅了。孩子们的兴趣引发了一次"青花瓷"的审美之旅。

幼儿兴趣生发后教师思考

幼儿园教育要回归生活，即"课程生活化"。幼儿美术教育生活化充分体现了生活对幼儿教育的作用和意义。本次微主题活动正是来自幼儿的生活，它从绘本中走来，走向博物馆，走向自然环境中美的事物，走向孩子们向往的远方。"青花瓷小猫"既是孩子们自由表现的载体，也是他们生活中一抹灵动的"蓝"。

活动目标

1. 了解传统艺术表现形式——青花瓷，直观感受青花瓷的多样性，了解它们在生活中的应用。

2. 尝试观察青花瓷图案，能收集、分享图案的相关知识，能用绘画、拍照等方式表现青花纹样。

3. 观察小猫，愿意用绘画、泥工等形式表现自己感兴趣的小猫形象，如猫的尾巴、爪子、脑袋、动作等。

4. 尝试创作青花瓷纹样，愿意将自己喜欢的青花瓷纹样装饰与小猫结合，进行再创作。

活动过程

孩子们关于《小青花》（图 2 - 3 - 1）绘本的热烈讨论，体现了他们对青花瓷小猫的浓厚兴趣。教师通过记录他们的问题（图 2 - 3 - 2），发现了三个关键词：封面直接展现的"青花"、幼儿猜测产生的"瓷器""古董"。而对于能否"见到小青花"的讨论和期待，则是孩子们对"小青花"探索的最初表现。

图 2 - 3 - 1

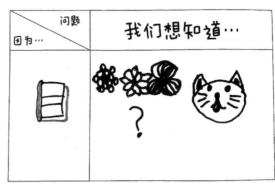

图 2 - 3 - 2

活动（一）　出发，探秘青花

孩子们通过询问、调查，发现"青花"是一种中国瓷器的样式。这一调查结果让孩子们对"青花瓷"有了更多的好奇："好想看看真的青花瓷呀！"一场探秘青花的寻宝活动开始了！

1. 制订寻宝规则

除了做好出行前的准备工作以外，小朋友们还一起制订了属于他们的寻宝规则：在博物馆中，不碰展品（图 2 - 3 - 3）、寻宝时不大声喧哗（图 2 - 3 - 4）、时刻跟随家长（图 2 - 3 - 5）、认真听讲解（图 2 - 3 - 6）、提醒家长不要吸烟（图 2 - 3 - 7）、垃圾分类投放（图 2 - 3 - 8）、手机静音（图 2 - 3 - 9）。在这个过程中，孩子们也在逐步适应和接受社会的生活方式、行为规范与价值观。

图 2 - 3 - 3　　　　　图 2 - 3 - 4　　　　　图 2 - 3 - 5　　　　　图 2 - 3 - 6

图 2 - 3 - 7　　　　　　　图 2 - 3 - 8　　　　　　　图 2 - 3 - 9

2. 发出活动通知

在活动前，有一则《出发！探秘青花》的活动通知发到了班级微信群里。

（1）活动由来。

本月，我们延伸了 3 月孩子们十分感兴趣的一次美术活动"青花瓷"。随着活动的开展，孩子们了解到许多关于青花瓷的知识，这让他们更想看看真正的青花瓷都有什么图案。为了让孩子们了解更多有关"青花"的传统文化，感受白底青花独特的色彩美和图案美，一次探秘青花瓷的活动就要开始啦！

（2）寻宝地点（图 2 - 3 - 10、图 2 - 3 - 11）：首都博物馆｜北京市西城区复兴门外大街 16 号。

图 2 - 3 - 10　　　　　　　　　　图 2 - 3 - 11

通过前期调查，我们发现，首都博物馆里有花纹精致、造型各异的青花瓷器。馆中参观的游客人数适宜、预约参观方便，是中二班小朋友探秘青花瓷的好去处！

（3）我们需要准备什么？

最重要的是，要在"首都博物馆"微信公众号上预约（图 2 - 3 - 12）。别忘记携带身份证。

预约过程中，请您选择"参观日期"和"入馆时段"，正确填写参观家长的"观众信息"，以及"儿童数量"。凭身份证换取"免费参观券"（图 2 - 3 - 13），安检后入馆。

记录吧：拍照、视频或手绘（图 2 - 3 - 14）。请小朋友们记录自己发现的青花图案和造型，为自己的创作提供灵感。

图 2 - 3 - 12

图 2 - 3 - 13

图 2 - 3 - 14

（4）怎样抵达首都博物馆？

绿色出行：

①临近公交站：白云路、工会大楼（图 2 - 3 - 15）。

②临近地铁站：木樨地（图 2 - 3 - 16）。

图 2 - 3 - 15

图 2 - 3 - 16

（5）我们要去哪些宝贝那里打卡？

为了让孩子们尽快熟悉展厅的文物展品，教师设计了寻宝活动。通过"打卡"的形式找到对应的展品，从而观察每一件瓷器。活动分为"轻松"和"挑战"两个级别，"轻松"级别的图片为完整的瓷器样式（图2-3-17～图2-3-19），"挑战"级别的图片则是更为细致的花纹图案（图2-3-20～图2-3-22）。

轻松！找到青花瓷后，和它们合影打卡吧！

图2-3-17　　　　　　　　图2-3-18　　　　　　图2-3-19

挑战！这些图案又藏在哪里呢？

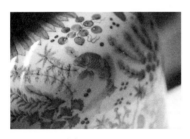  

图2-3-20　　　　　　　　图2-3-21　　　　　　图2-3-22

（6）不能去博物馆参观，怎么办？

因为一些原因，部分幼儿无法实地参观首都博物馆，但是没关系，来一次线上寻宝吧！

百度搜索"首都博物馆"进入官网，依次进入上图中的"专题、艺术陈列"（图2-3-23）和"陶瓷器"（图2-3-24）页面，就能在线上完成"青花瓷探秘"活动啦！还能点击查看详细介绍哦！

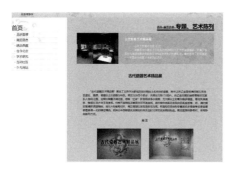

图 2-3-23　　　　　　　　　　　图 2-3-24

（7）还有哪些新发现？

我：如果小朋友们在探秘过程中，发现了其他有趣的图案和造型，欢迎记录下来！你可以拍照片、拍视频、绘画！快来班级群中投稿吧！期待属于你的青花探秘之旅！

3. 探寻首都博物馆

活动中，孩子们也纷纷"打卡"了自己最喜欢的青花瓷（图 2-3-25、图 2-3-26）。

图 2-3-25　　　　　　　　　　　图 2-3-26

六六：这个盘子上的葡萄看起来真好吃！

祥祥：这里有个葫芦！

壮壮：这条红色的鱼，我家过年的时候，在窗户上贴过。

小益：你看，这个瓶子上有一只小鸟！

六六：可是，我怎么没见到小青花？这里没有小猫。

教师思考

孩子们在参观过程中，表现出对青花瓷图案的兴趣。他们观察到青花瓷器上的花纹样式非常丰富，有葡萄、鱼、葫芦、小鸟（凤凰）等。同时，能将自己的已有生活经验与花纹相结合，如"过年时的窗花"。

青花纹样中蕴含着丰富的民俗文化，如蝙蝠（福）、如意（万事如意）、回字（生生不息）、鱼（年年有余）、葡萄（多子多福）等。教师可以在后续的活动中帮助幼儿简单了解图案的含义并整合相关资源。

在后续的分享活动中，教师继续引导幼儿了解青花纹样，将含义与图案相结合，重点了解纹样的装饰方法，为下一次开展活动进行铺垫。

活动（二） 探秘分享会

小黄：我看到的青花瓷是个瓶子，它还有两个耳朵！

徐徐：我看到了一个茶壶，它的壶嘴儿特别长，上面有很多漂亮的花。这个葫芦是什么意思呢？

大萱：青花瓷还有罐子。我在首都博物馆里看见了有鱼图案的罐子。鱼是"年年有余"的意思！

瞳瞳：可我们没看到小青花，它会在哪儿呢？

在"探秘分享会"中，孩子们介绍着自己见到的"不一样"的青花瓷："它们的花纹可真多呀！"通过参观博物馆，幼儿了解到青花纹样的故事，"小青花"中的"青花"元素已经揭开了神秘的面纱。

教师思考

幼儿对青花纹样的寓意非常感兴趣，他们喜欢讨论，能够与同伴分享自己的感受。同时，也分享了寻找"小青花"的结果（图2-3-27～图2-3-29）。

图2-3-27　　　　图2-3-28　　　　图2-3-29

寓意能使幼儿对青花纹样的理解更立体，更关注纹样的形状和特点。在区域活动中，孩子们欣赏、交流着收集到的青花瓷纹样及含义，尝试将有寓意的纹样表现在自己的作品中（图2-3-30、图2-3-31）。

图2-3-30　　　　　图2-3-31

教师继续关注幼儿对"小青花"的兴趣，引出"小猫"。

活动（三）　和小猫说"你好"

孩子们在好朋友的家里见到了小猫。他们和小猫进行了互动（图2-3-32、图2-3-33）。

妮妮：小猫的耳朵尖尖的。

小孙：猫咪身上的花纹好漂亮呀！

月月：猫猫站起来时，尾巴会翘得高高的！

小七：小猫会用软软的爪子碰我的手。

心言：我也会像小猫一样歪头，喵！

图2-3-32　　　　　　　　　图2-3-33

教师思考

教师通过家园共育的形式，引导幼儿将绘本中的小猫（图2-3-34）与真实的小猫进行对比、观察。幼儿已经对小猫的身体构造有了大量的感性认识，积累了丰富的审美感知经验。

图 2-3-34

部分幼儿对小猫的动作有了更多的认识和积累，乐于用肢体动作表现小猫的动作。这时，教师邀请幼儿学一学、做一做，加深印象，并引导幼儿尝试用画作来表现。

活动（四） 我给小猫画张像

玥玥：我的小猫都在草坪上玩毛线球呢（图 2-3-35）！

心言：这只小猫抓到了好多鱼呀！

语洋：我的也抓到鱼了，它边上还有个丁老头儿呢！哈哈哈，你们看（图 2-3-36）。

岩赫：我的小猫在幼儿园里做游戏！

在活动中，幼儿乐于分享自己的作品，他们用画笔表现出自己对小猫的认知，可以看出孩子们对小猫外形的认知程度和最初的印象，小猫身上的花纹各异，动作较为单一，介绍小猫特点的画面内容也较为相似（图 2-3-37~图 2-3-40）。

图 2-3-35　　　　　　　　图 2-3-36　　　　　　　　图 2-3-37

图 2-3-38　　　　　　图 2-3-39　　　　　　图 2-3-40

此时，教师将青花瓷小猫与真实的小猫进行对比、观察，通过家园共育继续引导幼儿在小区、家庭、宠物店中观察猫的动作，引导幼儿多加模仿。同时，加入材料支持，提供小猫动态视频，引导幼儿对比、观察。

活动（五）　小猫知多少

泉泉：我看到小猫有圆圆的爪子（图 2-3-41）！

甜甜：可小猫伸懒腰的时候，爪子就是尖尖的（图 2-3-42）。

珊珊：我们画小猫的时候，腿都站得直直的（图 2-3-43）。可是，小猫跳起来时，要先弯腿呢！

六六：小猫跳得可高了，它能从地上跳到窗台上呢！

小黄：也能从窗台上悄悄地跳到桌子上，慢慢地，特别像倒立。

小赫：我也喜欢小猫跳！

浩浩：我喜欢小猫睡觉！

我：那你们最喜欢小猫的什么动作呢？我们怎么才能选出来呢？

教师借助小猫动态视频，呈现了青花瓷小猫的细节特点，也让孩子们的审美感知丰富起来。教师还根据幼儿年龄特点，围绕他们感兴趣的话题、新的发现和疑问，从这三个方面展开了新一轮的讨论。孩子们互相交流、讲述着自己对小猫外形特点、行动特点的理解和看法。教师则适时加入对话，鼓励孩子们对小猫的身体特征进行充分的想象并画出相关细节。

教师通过"小猫知多少"活动中的细节呈现，引导幼儿说说自己最爱的小猫元素，再结合大家对青花纹样的兴趣引发讨论，首次将"青花"与"小猫元素"相结合进行绘画创作（图 2-3-44～图 2-3-47）。

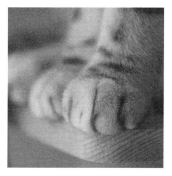

图 2 - 3 - 41

图 2 - 3 - 42

图 2 - 3 - 43

图 2 - 3 - 44

图 2 - 3 - 45

图 2 - 3 - 46

图 2 - 3 - 47

图 2 - 3 - 48

图 2 - 3 - 49

图 2 - 3 - 50

图 2 - 3 - 51

图 2 - 3 - 52

图 2 - 3 - 53

图 2 - 3 - 54

　　孩子们整合了"小猫知多少"活动中的小猫动作经验与自己的想象，他们对小猫动作的表现有很多想法，并在美工区用彩泥（图2-3-48、图2-3-49）表现出小猫不同的动作特征，如坐、爬、玩毛线球等。有趣而生动的小猫形象就这样栩栩如生地出现在眼前啦（图2-3-50～图2-3-54）！还有很多小朋友进行了畅想：如果自己是一只小猫，会怎么做？

　　坤坤：我会和小朋友们一起做操，认真地做伸展运动！

　　菲菲：我想在地毯上玩毛线球！

　　媛媛：我想玩翻花绳，猫爪能翻出"降落伞"吗？

　　心言：我会去小区里，找其他的猫咪，做好朋友！

　　壮壮：我可以倒立，再和好朋友玩杂技！

　　玥玥：我想躺在好朋友的怀里！

　　说着，他们用画笔记录了这些精彩的想法（图2-3-55～图2-3-60）。

图2-3-55　　　　　　　　　　　　图2-3-56

图2-3-57　　　　　　　　　　　　图2-3-58

图 2-3-59　　　　　　　　　　图 2-3-60

活动（六）　经验整合

重回绘本故事，续编故事《小青花的美好生活》（图 2-3-61）。

图 2-3-61

活动的结尾，孩子们已经和小青花成了好朋友。在孩子们的创想中，小青花会睡午觉（图 2-3-62）、奔跑在它想去的任何地方（图 2-3-63）、趴着乘凉（图 2-3-64）、荡秋千（图 2-3-65）。当然，玩累了，它也会休息一下，吃上一顿美味的午餐（图 2-3-66）。

图 2-3-62　　　　　　　　　　图 2-3-63

图2-3-64   图2-3-65   图2-3-66

　　孩子们还在图书区的活动中，创想了小青花的故事。他们拿起画笔，你一言、我一语地构思着小青花的每一项趣味活动，还与教师合作完成了电子绘本《小青花游首博》（图2-3-67）（参看视频2-3-1）、《小青花与小白》（图2-3-68）（参看视频2-3-2）。

图2-3-67

扫码看视频2-3-1

图2-3-68

扫码看视频2-3-2

活动反思

孩子们通过询问、调查，发现"青花"是一种中国瓷器样式，调查结果让孩子们对"青花瓷"产生了更多的好奇。于是，一场孩子们主导的"探秘青花寻宝活动"开始了。

在探秘首都博物馆之前，孩子们共同制订了"探秘"规则。他们确定了要去"打卡"的青花瓷展品，同时，也提出了一系列的问题，比如，它叫什么名字？是用来做什么的？瓷器上有什么花纹？并用拍照或绘画、符号记录的形式收集自己喜欢的青花瓷元素。

同时，我们还通过家园共育的形式，引导幼儿将绘本中的小猫与真实的小猫进行对比、观察。《指南》中建议，要"和幼儿一起感受、发现和欣赏自然环境和人文景观中美的事物"。猫咪尖尖的耳朵、柔软的身体、灵活的身姿都是孩子们可见、可感、可表现的元素。他们对于小猫的兴趣，来自家里的猫咪、偶尔出现在小区里的悠然身影、路边宠物店里的灵宠，这些都为孩子们创造性的审美想象搭建了平台。幼儿对小猫的身体构造有了大量的感性认知，积累了丰富的审美感知经验。在大班幼儿的最近发展区内，我们可以通过发现幼儿兴趣，帮助他们获得能力上的提升。

通过本次微主题活动，"小青花"走出了绘本故事，在中二班有了更多的"经历"。此时，它又回归绘本故事，与中二班小作者一起开始了新的旅途。

至此，这个关于绘本《小青花》的微主题活动暂时告一个段落。回顾活动过程，我们可以看到幼儿经验的发展脉络，他们先是在绘本中"邂逅"了青花瓷小猫，并对它产生了兴趣，关注到"青花瓷小猫"包含了两个关键词"青花瓷"和"小猫"，再到探秘青花寻宝活动、幼儿自主创作青花瓷小猫，最终进行故事续编，这使得青花瓷小猫成了孩子们心中特别珍贵的事物。

随着活动的深入，幼儿开始萌生更多关于小猫的猜想，也有了更深刻的认识、更具好奇心和探索欲。随着对"青花"和"猫"的细致观察，幼儿积累了更多的认知经验与审美体验，作品表现也越来越赋有创造力和个性情节（图2-3-69～图2-3-71）。这时，"青花瓷"与"小猫"才真正地组成了"青花瓷小猫"，成了孩子们自由表现的主体。

孩子们经验的拓展和能力的发展是我们开展一次次微主题活动的内驱力，谢谢每一位小朋友带给我们的惊喜与感动。

图 2 - 3 - 69

图 2 - 3 - 70

图 2 - 3 - 71

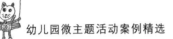

微主题活动四　西游文创店（大班）

教师：王　伊

扫码看彩图 2-4-1

活动背景

在美工区，孩子们正在制作西游泥人，渐渐地，作品越来越多。欣欣说："咱们的西游泥人越来越多了，都摆不下了，该怎么办呢?"孩子们就此展开了讨论。于是，一场关于"西游文创店"的探索活动就此开始了。

幼儿兴趣生发后教师思考

在美工区，幼儿自发地提出了问题"西游泥人太多了"并引发了幼儿开店的想法，说明幼儿日常生活经验较为丰富，但是，对于开店的一些具体事宜还不是很清晰。幼儿的想法从生活中出发，又回归到生活中去。文创店的开设让幼儿能够有目的地进行访问和调查。教师作为幼儿游戏的支持者，倾听幼儿的疑问，引导幼儿主动发现问题、提出问题、解决问题。

活动目标

1. 通过欣赏与观察不同的文创店，了解文创店的店面设计与物品摆放。
2. 结合制作文创作品的需要，通过多种途径收集不同的材料。
3. 能通过投票、统计、分组合作的方式共同开设文创店。
4. 能结合游戏中发生的实际问题，想办法解决问题。
5. 通过感知与欣赏，能创造出不同的西游文创作品。

活动过程

活动（一）　探索"西游文创店"

1. 活动由来

在美工区，孩子们正在制作西游泥人，渐渐地，作品越来越多。欣欣说："咱们的西游泥人越来越多了，都摆不下了，该怎么办呢?"于是，他们展开了讨论。

锐捷：我们开个"西游文创店"吧！把文创作品卖出去一些，就可以放下了。

昕宜：那咱们的蛋糕店就不卖蛋糕了，改成"西游文创店"吧！专门卖和《西游记》有关的物品！

玄玄：可是，"西游文创店"该怎么开呢?

2. 开店准备

我：开"西游文创店"需要做很多的准备，你们知道有哪些准备吗？

尧尧：要是开店卖的话，我们还需要很多、很多的西游文创作品。

可可：还需要店名，叫什么好呢？让我想一想。

天天：开店需要工作人员，还需要整理员。原来咱们的蛋糕店就是这样的。

森森：还需要装饰店面，让别人知道咱们是什么店。

3. 文创作品大搜集

(1) 可以制作哪些西游文创作品呢？

教师引导幼儿欣赏其他文创作品（图2-4-1、图2-4-2），启发幼儿灵感。

图2-4-1　　　　　　　　　　　　图2-4-2

(2) 你想制作哪些西游文创作品呢（图2-4-3、图2-4-4）？

洁洁：我想制作西游文创的钥匙链。

昕宜：我想制作西游文创的短袖。

森森：我想制作西游文创的雨伞。

媛媛：我想制作西游文创的水杯。

图2-4-3　　　　　　　　图2-4-4

（3）制作这些西游文创作品，需要去哪儿寻找材料呢？

孩子们根据自己的需要，在班级内、美工区和美劳教室搜集制作西游文创作品的材料（图2-4-5、图2-4-6）。

图2-4-5　　　　　　　　　　　图2-4-6

（4）开始制作自己喜欢的西游文创作品。

孩子们在动手制作自己喜欢的西游文创作品，包括西游伞（图2-4-7）、西游葫芦（图2-4-8）等。

图2-4-7　　　　　　　　　　　图2-4-8

4. 关于西游泥人的更多创意

问题：西游泥人还可以制作哪些更有趣的作品呢？

瑞杰：可以制作西游盲盒啊！我妈妈给我买过盲盒。

森系：对，把咱们的西游泥人放在里面就行（图2-4-9）。

欣怡：可以制作西游泥人的场景作品啊（图2-4-10～图2-4-12）！

图2-4-9　　　　　　　　　　　图2-4-10

图 2 - 4 - 11 图 2 - 4 - 12

活动（二） 布置"西游文创店"

1. 店面设计与制作

如何装饰"西游文创店"的店面呢？孩子们欣赏了各种文创店铺的图片，例如，墙面的装潢、文创作品的摆放等，通过观察与欣赏，他们有了自己的想法并画了下来（图 2 - 4 - 13、图 2 - 4 - 14）。

图 2 - 4 - 13 图 2 - 4 - 14

（1）我设计的文创作品摆放图（图 2 - 4 - 15、图 2 - 4 - 16）。

图 2 - 4 - 15 图 2 - 4 - 16

天天：将杯子摆放在玩具柜的木架子上，麻布包放在桌子上。

浩林：将衣服和帆布包挂在衣架上，钥匙链挂在架子上。

天意：将西游葫芦挂在墙面的蓝色网上。

（2）按照幼儿设计图摆放西游文创作品。

把手提包摆放在桌子上（图2-4-17），把杯子摆放在架子上（图2-4-18），把幼儿作品挂在墙上，孩子们按照自己的设计图摆放了西游文创作品。

图2-4-17　　　　　　　　　　　　　图2-4-18

（3）墙面设计图。

晗晗：可以将《西游记》元素画在画布上，装饰墙面呀！

和家：可以把我们的绘画作品挂在墙上。我查资料的时候看到的。

欣欣：可以找老师帮忙，把"西游文创店"的店名写出来，挂在墙上。

尧尧：可以用水墨画《西游记》啊！我们前一阵子不是刚用水墨画过卢沟桥吗？

2. 投票并分组合作

孩子们经过协商和讨论，选择了自己喜欢的创作内容进行制作。他们按照不同的创作内容进行分工，分为四个小组，分别是布景组（图2-4-19）、壁画组（图2-4-20）、题名组（图2-4-21）和水墨组（图2-4-22）。

图2-4-19　　　　　　　　　　　　　图2-4-20

图 2 - 4 - 21   图 2 - 4 - 22

3. 店面太小怎么办

（1）原来的店面太小，我们的文创作品太多，摆不下（图 2 - 4 - 23、图 2 - 4 - 24），怎么办呢？

天意：我们可以扩大店面。

心怡：把旁边的床挪走，就可以了。

杰杰：可是床太沉了，我们去找老师帮忙吧！

图 2 - 4 - 23   图 2 - 4 - 24

（2）孩子们把自己的想法和教师进行了沟通。在教师的帮助下，他们成功地扩大了店面（图 2 - 4 - 25～图 2 - 4 - 28）。

图 2 - 4 - 25   图 2 - 4 - 26

图 2 - 4 - 27

图 2 - 4 - 28

活动（三）　"西游文创店"开业

我：没有顾客怎么办？

浩天：我觉得应该发传单，让大家都知道"西游文创店"要开业了。

霖霖：我觉得买物品、送贴画（的促销活动）挺好的。这样，小朋友就喜欢去买了。

菲菲：可以制作一张大的宣传海报。这样，大家就都知道啦（图 2 - 4 - 29）！

晨晨：可以把文创作品拿到各个区域去卖，向小朋友们介绍。

森森：我觉得可以有个讲解员，站在文创店门口，进行讲解，吸引顾客（图 2 - 4 - 30）。

图 2 - 4 - 29

图 2 - 4 - 30

孩子们的好办法让"西游文创店"变得热闹起来，迎来了许多的顾客！孩子们决定在幼儿园的文创园里再开个分店，这样，可以让更多的小朋友来买文创作品！

活动（四）　"西游文创店"大畅想

你还想把"西游文创店"开到哪里呢？

菲菲：我想在晓月图书馆的旁边再开个"西游文创店"（图 2 - 4 - 31）。

羽轩：我想在绿堤公园开个"西游文创店"（图 2 - 4 - 32）。

晨晨：我想在我们小区开个"西游文创店"。

磊磊：我想在北宫开个"西游文创店"。

图 2 - 4 - 31   图 2 - 4 - 32

"西游文创店"的游戏还在继续，我们期待孩子们在游戏过程中将创造更多的精彩！

活 动 反 思

孩子们由美工区制作西游泥人的话题展开讨论，自发地生成了"西游文创店"的区域。他们通过选址、选择文创作品、制作和装潢文创店，自由、自主地规划和设计着文创店，自然、自信地表达与展现。在筹备文创店的过程中，他们发现问题，积极思考，不断探索，共同解决问题。与此同时，孩子们也在不断地提升社会交往能力。

在本次"西游文创店"开业活动中，幼儿筹备店面的积极性非常高。活动后，幼儿也能较好地进行总结与反思。在活动中，幼儿积极思考如何成功地开设西游文创店并制作出多种西游文创作品。教师与幼儿共同讨论，积极探索，发现问题，解决问题，培养了幼儿的动手操作能力，促进了幼儿的社会交往能力。有关《西游记》的游戏还在继续。这些游戏在孩子们的心中种下了美好的种子，让他们乐在其中，感受着经典文学的魅力，体验着游戏的快乐。

微主题活动五　畅游《西游记》（大班）

教师：刘　岩

活动背景

扫码看彩图 2-5-1

"白龙马，蹄朝西。驮着唐三藏，跟着三徒弟……"孩子们哼唱着有关《西游记》的歌曲。自从班级图书区投放了《西游记》，总能看到孩子们的身影。他们对《西游记》的兴趣非常浓厚，经常在图书区里讨论《西游记》里的故事、人物、武器。"哇！图书区里的《西游记》好有意思呀！""对呀，我也看了。我最喜欢孙悟空，它好厉害，会七十二般变化。""老师，为什么《西游记》里那么多妖怪都想把唐僧吃掉呢？"孩子们纷纷诉说着自己的问题，并用肢体动作模仿着《西游记》里的人物动作……

幼儿兴趣生发后教师思考

班级的图书区投放了《西游记》绘本图书，书中孙悟空的可爱形象深受孩子们的喜欢，他们在游戏的时候也会聊起有关《西游记》的故事情节。于是，教师根据他们的兴趣、需要，在班里开展了"畅游《西游记》"的微主题活动，通过活动的开展引导幼儿感受故事中的人物形象及外形特征，知道每个人物身怀各种变幻技术和本领，不断分析故事中人物的性格特征。《西游记》中赋有神奇色彩的故事内容吸引着幼儿，让他们积极、主动地欣赏故事情节，丰富想象力，获得愉悦的情绪，体验故事中人物的不同个性和行为，帮助其明辨是非，树立正确的善恶观。随后，教师引导幼儿通过《西游记》情景剧、皮影戏等的表演，培养了孩子们的语言表达能力与动作的表现力；通过制作道具，培养了孩子们的动手能力，以及发现问题、解决问题的能力。

活动目标

1. 知道《西游记》是我国古代四大名著之一，通过调查、讲述、讨论等活动，了解故事中人物形象、性格特征及主要故事情节，丰富相关经验。
2. 采用绘画表征的方式表达自己对《西游记》的认识和理解。
3. 能根据自己对《西游记》作品的理解，大胆地从语言、动作、表情等方面表现角色的性格特征。
4. 能与同伴协商分配角色、合作游戏，能在游戏的过程中发现问题、解决问题。

活动过程

活动（一）　漫漫西游，知与不知
区域游戏时，孩子们专注地阅读绘本故事《西游记》（图2-5-1、图2-5-2）。

媛媛：哇！图书区里的《西游记》好有意思呀！

尧尧：我最喜欢孙悟空，他好厉害，会七十二般变化。

彬彬：我知道，孙悟空犯错误时，师傅就会念紧箍咒，惩罚他。

嘉嘉：《西游记》里还有哪些人物？发生了哪些有趣的故事？

图 2 - 5 - 1　　　　　　　　图 2 - 5 - 2

教师思考

　　从孩子们的对话中，我们了解到他们喜欢《西游记》故事中的人物，并愿意表达自己最感兴趣的内容和情节。为了让更多的幼儿能够充分表达自己对《西游记》的理解，教师引导幼儿采用绘画的方式将自己知道的《西游记》内容画下来。

活动（二）　漫漫西游，话故事

　　思辰：红孩儿把唐僧掳走，还骗猪八戒。最后，观音菩萨救了他们师徒四人。

　　霖霖：在《真假美猴王》的故事里，两个悟空很难分辨。最后，佛祖将假的美猴王给分出来了，原来他是六耳猕猴变的。

　　昕宜：白骨精太狡猾，骗了唐僧三次，被火眼金睛的孙悟空发现，把白骨精打死了。

　　森森：孙悟空会七十二变，变成牛魔王，骗走了铁扇公主的扇子。

图 2 - 5 - 3　　　　　　　　图 2 - 5 - 4

教师引导幼儿了解《西游记》的主要人物及故事情节并绘画自己感兴趣的内容（图2-5-3），也可以把自己在阅读《西游记》故事时产生的疑问画下来（图2-5-4）。

教师思考

幼儿视角不同，聚焦的故事情节也不同，他们喜欢《三借芭蕉扇》《真假美猴王》《偷吃人参果》《三打白骨精》《大战黄袍怪》等故事情节。孩子们描画着，诉说着……

活动（三） 漫漫西游，说人物

随着孩子们对《西游记》故事越来越熟悉，他们纷纷聚焦故事中的人物，表达着自己对人物的认识和理解……

1. 幼儿表征孙悟空的性格特征（图2-5-5）

邱邱：孙悟空喜欢搞恶作剧，他变成一只苍蝇，飞进了铁扇公主的杯子里……

可可：唐僧护着假扮老奶奶的白骨精，孙悟空依旧一棒子把她打死。

小茹：取经的路上，孙悟空忠心耿耿地跟随着唐僧，保护着唐僧。

小结：孙悟空热爱自由、机智勇敢、不怕困难、神通广大、乐观幽默；喜欢戴高帽子、好胜心强、性格急躁、粗心大意。

2. 幼儿表征唐僧的性格特征（图2-5-6）

图2-5-5 图2-5-6

小逸：唐僧有的时候太固执，孙悟空都看出是妖精，他还护着妖精。

媛媛：唐僧虽然有时候固执，但他非常善良，特别喜欢念佛。

天天：唐僧胆子很小，遇到妖怪，就很害怕。那是因为他没有法术，所以就很害怕。

小结：唐僧善良、真诚、喜欢念佛；坚持不懈、胆小懦弱、迂腐顽固、好坏不分。

3. 幼儿表征猪八戒的性格特征（图2-5-7）

磊磊：哈哈，说起猪八戒，他特别喜欢吃好吃的食物，还贪图美色。

皓霖：猪八戒的水性特别好；他犯错误时，会主动向师傅承认错误。

天奕：猪八戒特别喜欢挑拨，明明是白骨精，猪八戒还向师傅告状，让师傅错怪孙悟空。

小结：猪八戒敦厚淳朴、知错能改；喜欢吃美食、贪图美色、对取经缺乏坚定意志、喜欢挑拨。

4. 幼儿表征沙僧的性格特征（图2-5-8）

图2-5-7　　　　　　　　　　　　　　图2-5-8

菲菲：沙僧特别老实，肯吃苦，他总是扛着行李，也不怕累。

小羽：沙僧忠心耿耿，一路护送师傅取经。沙僧特别喜欢听师兄们的话，没有自己的想法。

小结：沙僧忠心耿耿、意志坚定、任劳任怨、无私；缺乏主见、不会反抗。

5. 幼儿表征白龙马的性格特征（图2-5-9）

图2-5-9

彬彬：白龙马驮着师傅，去西天取经，不怕苦、不怕累。

邱邱：在《大战黄袍怪》这个故事里，白龙马挺身而出，变成了宫女，想杀黄袍怪。

甜甜：虽然没有打过黄袍怪，但是他的精神值得学习。

小结：忠心耿耿、任劳任怨；关键时刻，挺身而出。

教师思考

从孩子们的讲述中可以清晰地看出，他们对人物的认识不同，感受也不同，知道每个人物都会有优点和不足，即便如此，也没有影响师徒几人同心协力战胜妖魔、取得真经的决心和结果。

活动（四） 漫漫西游，我们喜欢的故事

孩子们将自己喜欢的故事粘贴在纸上，采用投票的方式选出最喜欢的故事。

小逸：我喜欢《三打白骨精》的故事。

皓霖：《三打白骨精》的故事我也喜欢。孙悟空本领真高，能够看出谁是妖怪。

媛媛：我喜欢《三借芭蕉扇》的故事，他们不怕困难，想办法解决。

森森：我也想选自己喜欢的故事，我喜欢《三借芭蕉扇》，我想表演孙悟空。

致远：我选哪个呢？这些故事都太好听了！

孩子们投票选出自己喜欢的故事（图 2-5-10～图 2-5-13）。

图 2-5-10　　　　　　　　　　图 2-5-11

图 2-5-12

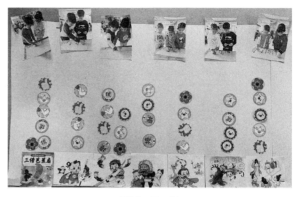
图 2-5-13

教师思考

在幼儿自主投票的过程中，教师充分尊重幼儿的选择，鼓励他们表达自己对《西游记》中某一个故事的喜爱和感受。从投票结果不难看出，孩子们对不同故事情节的喜爱。

活动（五） 漫漫西游，情景剧表演

教师追随孩子们的兴趣和需要，引导幼儿按照自己的喜好，自由组合，选择喜欢的剧组，分别在区域中筹备情景剧表演的剧本、角色服装、道具、材料等。

1. 情景剧《三借芭蕉扇》

（1）筹备工作：孩子们讨论并确定情景剧《三借芭蕉扇》的表演形式，选择角色。

孩子们将《三借芭蕉扇》中的人物画出来，粘贴在纸上。幼儿投票选择自己想要表演的角色，在人物画像的下方写上自己的名字（图 2-5-14）。

图 2-5-14

教师思考

孩子们以情景剧的方式进行表演，并结合想要扮演的角色进行投票。从他们的选择中能清晰地看出，女孩子喜欢扮演铁扇公主，男孩子喜欢扮演孙悟空。

（2）结合人物需要的道具进行绘画、记录。

孩子们将《西游记》中的人物角色和表演所需道具画了下来，包括金箍棒、芭蕉扇等道具（图2-5-15）。

图2-5-15

（3）设计场地。

孩子们基于自己的设想和计划，分组制作道具和装饰、布置表演场地等。在创设的过程中，他们积极、踊跃地参与和筹备，设计《西游记》表演剧场（图2-5-16），布置场地（图2-5-17）。

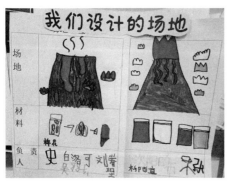

图2-5-16

图2-5-17

（4）绘画剧本。

《三借芭蕉扇》的故事深深地吸引着孩子们，他们采用绘画的方式对故事情节进行简单的记录和表征。孩子们认真地绘画《三借芭蕉扇》的剧本（图2-5-18～图2-5-21）。

图 2-5-18　　　　　　　　图 2-5-19

图 2-5-20　　　　　　　　图 2-5-21

（5）服装的制作。

①设计服装。

孩子们在欣赏角色服装前，采用绘画的方式记录了自己为人物角色设计的服装样式、需要的材料和参与的同伴，并绘制出游戏计划图（图 2-5-22～图 2-5-25）。

②制作服装。

区域自主游戏时间，孩子们从美工区选择了材料和工具，制作《三借芭蕉扇》人物的服装，通过测量、记录、剪裁等方法制作出满意的演出服装（图 2-5-26～图 2-5-29）。

图 2 - 5 - 22

图 2 - 5 - 23

图 2 - 5 - 24

图 2 - 5 - 25

图 2 - 5 - 26

图 2 - 5 - 27

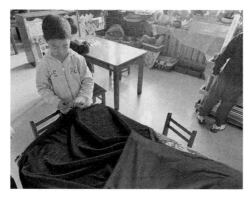

图 2 - 5 - 28   图 2 - 5 - 29

③在制作服装的过程中，他们发现：布在身上测量时容易滑落，量得不够准确，剪裁时非常不方便。于是，他们又想出了新的办法……用纸板在身上测量（图 2 - 5 - 30），把纸板放在布上，画出轮廓（图 2 - 5 - 31），剪出衣服的模型，再进行剪裁（图 2 - 5 - 32）。

图 2 - 5 - 30   图 2 - 5 - 31

图 2 - 5 - 32

（6）我们来表演《三借芭蕉扇》。

①彩排活动准备就绪。孩子们穿上了漂亮的服装，开始进行正式表演前的彩排。他们通过一次次的表达和交流、一次次的练习和表演，发现了一些问题，并尝试在区域游戏中解决。

孩子们利用区域游戏时间彩排情景剧《三借芭蕉扇》（图2-5-33～图2-5-36）。

图2-5-33

图2-5-34

图2-5-35

图2-5-36

②发现问题，解决问题。在表演过程中，孩子们发现了一些问题，结合这些问题进行了讨论，想出了一些解决问题的办法，并再次表演，验证这些办法是否有效。

A. 问题一：表演时，我们要怎么做（图2-5-37）？小观众要认真看（图2-5-38）；小演员表演时，声音要大一些，表情也要夸张一些（图2-5-39）。

图 2-5-37

图 2-5-38

图 2-5-39

B. 问题二：表演时，记不住台词怎么办（图 2-5-40）？在区域活动时多次表演；回家后，给爸爸、妈妈表演（图 2-5-41）；多看故事，慢慢地就能记住台词了（图 2-5-42）；多听故事，慢慢地也能记住台词（图 2-5-43）；请台下的小朋友提醒台词（图 2-5-44）。

图 2-5-40

图 2 - 5 - 41

图 2 - 5 - 42

图 2 - 5 - 43

图 2 - 5 - 44

C. 问题三：小演员舞台表演意识弱，总是背对着观众进行表演（图2-5-45）？对话时，小演员可以侧着点儿身子表演（图2-5-46）；面向前方时，要看观众（图2-5-47）；表演时，小演员们互相提醒（图2-5-48）；每个演员都要把最好的一面展现给观众（图2-5-49）。

图 2 - 5 - 45

图 2 - 5 - 46　　　　　　　　　图 2 - 5 - 47

图 2 - 5 - 48　　　　　　　　　图 2 - 5 - 49

2. 情景剧表演《三借芭蕉扇》（节选）（参看视频 2 - 5 - 1）

扫码看视频 2 - 5 - 1

活动反思

　　《西游记》这一经典名著虽然离孩子们的生活较远，但是他们却用自己的情感诠释了对《西游记》的理解和热爱，且乐在其中。这让我们看到孩子们对古典名著的理解和传承并不是只停留在阅读层面，他们还创编了情景剧进行表演，在制作演出服装、道具和布置场地中交流与探索，在解决问题中积累与拓展相关经验，不断充实、挑战自己，未来可期……

第三章 自然探索篇

微主题活动一 巧制香囊，驱蚊一"夏"（中班）

教师：王 雪

扫码看彩图 3-1-1

活动背景

随着炎炎夏日的到来，蚊子这位不速之客也时常出没，孩子们成了蚊子重点叮咬的目标，又红又痒的蚊子包在他们娇嫩的皮肤上留下了印记。每个孩子都有过与蚊子"搏斗"的经历，无论是在户外游戏还是在夜晚的梦乡，这也成了他们的夏日小烦恼。就这样，我们的课程故事从这些令人生厌的蚊子开始了……

幼儿兴趣生发后教师思考

被蚊子叮咬的事件时常发生在孩子们的身上，又痛又痒的蚊子包引发着他们的感慨。他们对蚊子有着自己独特的体验和看法，同时，也有着想把蚊子赶走的迫切需求，这也成了我们和孩子们围绕"蚊子"开展一系列探究活动的契机。

活动目标

1. 了解蚊子的生活习性和传染病毒的方式，知道如何预防蚊媒传染病。
2. 掌握预防蚊虫叮咬的方法和被蚊子叮咬后的应对方法。
3. 了解日常防蚊用品的知识，认识常见防蚊用品并会正确使用。
4. 了解药材的功效与作用，尝试制作驱蚊香包和驱蚊药水。
5. 尝试与同伴合作制作驱蚊香包和驱蚊药水，体验制作成功的乐趣。

活动过程

活动（一） 缘起

朵朵：哎呀，我被蚊子咬了（图 3-1-1）。

彤彤：我也是，我也是，起了一个大包（图3-1-2）。

欣凌：我也有，我妈妈说蚊子就喜欢咬我。

户外活动时，在欢乐的游戏氛围中突然响起的一声声"控诉"引起了我的注意，原来是蚊子趁孩子们不注意，悄悄地"送"来了一个个蚊子包。

图3-1-1

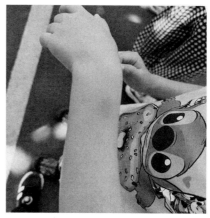
图3-1-2

活动（二）　蚊子知多少

1. 我和蚊子的二三事

说起蚊子，孩子们都有着十分深刻的恼人体验。游戏结束后，他们依然围绕"蚊子"的话题，滔滔不绝地诉说着自己的经历，有的面带表情、用肢体动作生动地表演起来，有的还用绘画的方式记录着自己和蚊子的"斗争"故事。

桐桐：我一穿短裤，就会被叮包（图3-1-3）。

秋秋：我在睡觉的时候，有一只蚊子总是在我耳边"嗡嗡嗡"地飞，吵得我都睡不着了，它还咬了我。如果没有蚊子，就好了（图3-1-4）。

琨琨：我和爸爸、妈妈坐车的时候，车里有一只蚊子，怎么都赶不走（图3-1-5）。

耀耀：蚊子在我手上咬了好大一口，吸了好多血！你看，留下了一个特别大的红包（图3-1-6）。

彤彤：我被蚊子咬了以后特别痒，妈妈拿了药给我涂，就没那么痒了（图3-1-7）。

媞媞：我一出去玩儿，手就被叮了好几个大包，手都变（肿）得大大的（图3-1-8）。

图 3 - 1 - 3

图 3 - 1 - 4

图 3 - 1 - 5

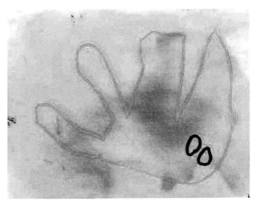

图 3 - 1 - 6

图 3 - 1 - 7

图 3 - 1 - 8

2. 关于蚊子的"十万个为什么"

(1) 困惑一：蚊子为什么要咬人？

澜澜：因为蚊子饿了，要"咬人"填饱肚子！

衡衡：因为蚊子要吸血，我们的血是它的食物！

针对孩子们的困惑，我们一起寻找了与蚊子有关的科普视频进行解密（图3-1-9）。孩子们兴致勃勃地观看着、学习着，从中获得了答案：原来，蚊子家族里也有蚊子妈妈和蚊子爸爸，一般"咬人"的都是蚊子妈妈，因为它需要吸我们人或动物的血，才能生宝宝！

图 3-1-9

(2) 困惑二：为什么蚊子更喜欢咬我？

在许多小朋友对蚊子进行"控诉"时，圻圻突然摇起了头："可是，我没怎么被蚊子咬过呀？"而一旁的朵朵则说："蚊子特别喜欢咬我，爸爸、妈妈没怎么被咬！"于是，大家对于"蚊子更喜欢'咬'谁"有了更多的困惑与好奇，并展开了热议。

泽泽：蚊子更喜欢咬小朋友，小朋友皮肤好（嫩），它的嘴巴容易刺进去！

希希：是不是圻圻穿得太多了，蚊子"咬不动"？

轩轩：蚊子喜欢臭臭的味道。我出汗以后是臭臭的，所以它就来咬我了！

在孩子们自由表达自己的猜想后，我们邀请了保健医为孩子们答疑解惑，原来蚊子更喜欢下面这些人（图3-1-10）。

保健医：蚊子喜欢穿深颜色衣服的人。

保健医：蚊子喜欢血很"甜"、血糖高的人。

保健医：蚊子喜欢爱出汗、身体温度很高的人。

保健医：蚊子喜欢小朋友和孕妈妈。

保健医：蚊子喜欢不讲卫生的人。

在解惑过程中，保健医发现有的小朋友正在使劲儿挠蚊子包，于是，追问起来（图3-1-11）。

图3-1-10

图3-1-11

保健医：如果蚊子包很痒，怎么办呢？

晨晨：我会忍不住去抓它，有时候都抓破皮了！

霖霖：可以涂一点儿花露水。

保健医：蚊子包可不能用指甲去抓，会越抓越痒，抓破了皮，还会流血、长疤！我们可以涂点青草膏、止痒膏，或者喷点儿花露水、驱蚊水。

（3）困惑三：蚊子藏在哪儿？

蚊子总是不知不觉地给我们"送"上一个个蚊子包，特别痒和不舒服。那它们究竟都藏在哪里呢？孩子们根据自己的生活经验提出了猜想，并且根据猜想在幼儿园的各个地方搜寻起蚊子的踪影。

朵朵：蚊子喜欢又臭又湿的地方。

彤彤：夏天太热了，蚊子喜欢躲在凉快的地方！

秋秋：蚊子喜欢有水的地方。

泽泽：蚊子喜欢躲在草丛里，那里凉快。

①教室里面找一找。

媞媞：在看书的时候，会听见蚊子"嗡嗡嗡"飞的声音。蚊子是不是躲在窗帘后面了（图3-1-12）？

耀耀：厕所里有蚊子在飞！是不是因为厕所里凉快（图3-1-13、图3-1-14）？

圻圻：快来！这个角落里也有（图3-1-15、图3-1-16）！

②幼儿园户外找一找。

霖霖：这里，这里！草丛里有蚊子（图3-1-17）！

图 3-1-12

图 3-1-13

图 3-1-14

图 3-1-15

图 3-1-16

图 3-1-17

轩轩：水管边上的水桶里也有黑黑的蚊子（图 3-1-18、图 3-1-19）。

图 3-1-18

图 3-1-19

搜寻蚊子的行动结束后，孩子们发现：阴凉的角落、水源周边、草丛、厕所、下水道……这些黑黑的、湿湿的或者有花草的地方很容易找到蚊子。原来蚊子生长需要一定的条件，它们对于环境有着自己的偏好，敏锐的孩子们通过实地考察感知了这个特点。

此外，孩子们还通过师幼共读、自主阅读关于蚊子的绘本，对蚊子的外形特征、本领、种类以及害怕的东西等都有了进一步的了解（图 3-1-20、图 3-1-21）。

教师思考

蚊子为什么要咬我们？它从哪里来的，又住在哪里呢？孩子们对于蚊子有着各种困惑，在他们运用已有经验主动猜测、积极表达的同时，产生了强烈的探究欲望，这激发着他们主动去追寻答案。我们跟随孩子们的想法与兴趣，提供学习的空间与支架，助力孩子们在亲身实践、不断解惑的过程中，内化经验，获得新的成长。

图 3 - 1 - 20

图 3 - 1 - 21

活动（三） 寻找防蚊的 N 种方法

在幼儿的生活经验中，有许多驱蚊小妙招。可是，哪种方法最有效呢？

1. 防蚊贴、防蚊扣

防蚊感受：贴或戴在身上很方便，但是很容易掉。贴了以后，有时候蚊子不来咬我了，有时候还会被咬。推荐指数三颗星（图 3 - 1 - 22、图 3 - 1 - 23）。

图 3 - 1 - 22

图 3 - 1 - 23

2. 防蚊裤

防蚊感受：防蚊裤穿着特别舒服，脚腕那里紧紧的，蚊子无法飞进裤腿儿里！又透气，又防蚊，赞赞赞！推荐指数五颗星（图 3 - 1 - 24、图 3 - 1 - 25）。

图 3 - 1 - 24

图 3 - 1 - 25

3. 电蚊拍

防蚊感受：用力一挥，"噼里啪啦"，落在网上的蚊子就被电死啦！但是电蚊拍太大了，我用起来不太容易，还有点儿危险，而且蚊子飞得太快，很多时候，我都追不上它。推荐指数两颗星（图 3 - 1 - 26）。

4. 驱蚊液

防蚊感受：喷一喷、抹一抹，冰冰凉凉的，又能赶走蚊子，还能给蚊子包止痒！去户外活动的时候，可以随身携带驱蚊液，随时、随地喷一喷。推荐指数四颗星（图 3 - 1 - 27、图 3 - 1 - 28）。

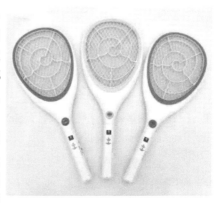

图 3 - 1 - 26

图 3 - 1 - 27

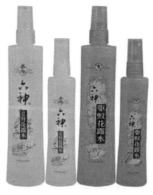

图 3 - 1 - 28

5. 电蚊香液

防蚊感受：电蚊香液插上电，就会飘出蚊子不喜欢的味道，蚊子就会逃走了。但是，妈妈说小朋友闻多了，对身体不好。推荐指数三颗星（图3-1-29）。

图 3-1-29

我：你们觉得哪些防蚊方法适合在幼儿园里使用呢？

霖霖：驱蚊液可以。出去锻炼的时候，还可以带上，想喷的时候喷一喷。

希希：可以穿防蚊裤，最方便！

朵朵：电蚊拍和电蚊香液要用电，太危险了，幼儿园不能用，还是贴驱蚊贴安全！

教师思考

《纲要》中指出："科学教育应密切联系幼儿的实际生活进行，利用身边的事物与现象作为科学探索的对象。"孩子们从"蚊子"的话题自然而然地引发驱蚊方法的探究活动，体现了"自身需要"是激发幼儿主动探究行为的内驱力。他们在自主探究、交流与分享、讨论与发现的过程中，有了更多辩证的思考，潜移默化地丰富着关于防蚊的科学认知。

活动（四）　DIY驱蚊香包

我：不能用电蚊香液，有什么办法能把躲在教室里的蚊子赶走吗？

欣凌：我们可以在教室里挂驱蚊包！挂在门上，蚊子不喜欢那个味道，就可以赶走蚊子。

彤彤：我家里也挂过，又好看，又好闻，还能让蚊子不咬我们！

孩子们对于两位小朋友提到的驱蚊包十分感兴趣。他们一起了解了驱蚊包的功效和制作方法后，决定自己动手制作一个。

1. 准备材料

（1）草药（图3-1-30、图3-1-31）。

图 3 - 1 - 30

图 3 - 1 - 31

（2）布袋（图 3 - 1 - 32、图 3 - 1 - 33）。

图 3 - 1 - 32

图 3 - 1 - 33

（3）瞧一瞧、摸一摸、识一识各种草药，闻一闻有什么特别的味道（图 3 - 1 - 34、图 3 - 1 - 35）。

图 3 - 1 - 34

图 3 - 1 - 35

（4）自己动手制作驱蚊包（图 3 - 1 - 36～图 3 - 1 - 41）。

图 3 - 1 - 36

图 3 - 1 - 37

图 3 - 1 - 38

图 3 - 1 - 39

图 3 - 1 - 40

图 3 - 1 - 41

（5）教室里挂上了我们自己动手制作的驱蚊包，"蚊子蚊子，快走开"（图 3 - 1 - 42）！

图 3-1-42

　　孩子们自发地给幼儿园的园长妈妈、老师们、哥哥和姐姐们、食堂的叔叔和阿姨们、保安叔叔们送上自制的驱蚊包（图 3-1-43～图 3-1-46）。

图 3-1-43

图 3-1-44

图 3-1-45

图 3-1-46

2. 自制驱蚊水

希希：驱蚊水快要被我们用完了！

我：你们要不要试试自己制作一瓶驱蚊水呢？

秋秋：好啊，好啊！

我们一起上网查询资料，了解到自制驱蚊水需要用到薄荷、艾草、金银花、水、密封罐、小喷瓶、标签等（图3-1-47）。

第一步：将薄荷、艾草、金银花都装进干净的密封罐里（图3-1-48）。

图3-1-47　　　　　　　　　　　　图3-1-48

第二步：倒入水（图3-1-49），拧紧盖子。

第三步：贴上标签（图3-1-50）。

图3-1-49　　　　　　　　　　　　图3-1-50

第四步：放置一周后，开封，装入小喷瓶（图3-1-51），我们的驱蚊水就完成啦（图3-1-52）！

图 3-1-51

图 3-1-52

教师思考

孩子们通过自制驱蚊包和驱蚊水，一方面，对各种各样的中草药有了初步的感知，对驱蚊包和驱蚊水的制作方法也有了新的认识，这进一步激发了他们探索其他新事物的兴趣；另一方面，他们也在亲自实践中学会了多观察、多思考、多尝试，锻炼了动手操作的能力。同时，在防蚊行动中，孩子们还将自己制作的驱蚊包送出去，想要让更多的人不被蚊子咬，这恰恰是小班幼儿由"小我"到"大我"的转变，也正是幼儿"以自我为中心"发生转移的一种体现。

活动反思

1. 通过观察，给予支持。教师应亲近儿童，认真倾听儿童的声音，如在发现幼儿对消除蚊子包感兴趣时，教师及时追问、引导，为幼儿提供有关内容的学习与支持，引发了幼儿对驱蚊、自制驱蚊包、驱蚊水的一次探寻之旅。教师只有细致地观察儿童的兴趣点和行为表现，结合儿童的学习与发展目标，才能给予有效的、适宜的支持，推进幼儿游戏的深入开展。

2. 多元发展，助推成长。科学的核心经验中指出，要让幼儿通过各种感官去探索、发现事物的秘密。因此，教师应多关注幼儿学习、探究、创造的过程，而非结果。

3. 从生活中的小事入手，积累实践经验。中药起源于中国，是中华民族的瑰宝，有着五千年悠久、灿烂的历史文化底蕴。本次活动从幼儿生活中的小事入手，引发幼儿动手制作中草药驱蚊包、驱蚊水的游戏，让孩子们成为探究活动的主体，亲身投入到寻找、探索、思考、实践、游戏中，不仅加深了幼儿对中草药的认识和了解，也让他们积累了丰富的实践经验，在中医药文化的熏陶下，加深了对中国传统文化的情感认同。

微主题活动二 蘑菇"晓"世界（中班）

教师：陈 玥

扫码看彩图 3-2-1

活动背景

一个小朋友将自己在绿堤公园看见野生小蘑菇的经历讲给其他的小朋友听，引发了同伴间的讨论。教师为了支持幼儿的想法，在幼儿园里投放了许多的小蘑菇。孩子们看到后，都惊喜不已，用画笔画出了自己眼中的蘑菇。但当作品展现在大家面前时，孩子们发现蘑菇的样子基本相同。小朋友们产生了疑问："为什么明明是不同种类的蘑菇，但画出来的却是一样的？"这个问题一经抛出，就有了孩子们从寻找、观察、种植、照顾等多元化的角度出发，对蘑菇进行纵向、连续、细致的观察，最后创作出丰富、形象、赋有创造力的美术作品《小蘑菇》。

幼儿兴趣生发后教师思考

幼儿将"蘑菇"这一自然物无意中带进了班里，通过分享的方式使"蘑菇"成了班级的热点话题。教师通过观察和研究，能够感受到幼儿的已知经验基本停留在味觉和视觉上，他们对蘑菇的名称、分类、生长环境、外形特点等缺乏相关的经验。作为教师，要倾听幼儿的想法和需要，提供相应的支持，帮助幼儿积累更多的经验，满足幼儿的意愿。

活动目标

1. 喜欢大自然，愿意用自己的方式表达对大自然的喜爱和感受。
2. 结合自己的疑问，通过多种途径收集和了解蘑菇的种类和特点。
3. 通过观察、体验等活动，细致了解并记录蘑菇的外形特征和细节特点。
4. 能结合连续观察的方法，用自己的方式记录自己的发现。
5. 能根据内心感受，利用多种材料、方式进行艺术表现。

活动过程

活动（一） 偶遇小蘑菇

周一，班级活动"说说我的新鲜事"的时间到了。欣欣兴奋地分享着自己周末的新鲜见闻，她说："周六，我妈妈带我去绿堤公园了。我看见地上有好

多小花，还有小蚂蚁。在一棵大树下，我看到了小蘑菇！"这样一则有趣的见闻，引发了孩子们的讨论。

晨晨：真的、假的呀？

媛媛：真的。上次，我去的时候，也看见了！

潼潼：我怎么没找着呀？

晴晴：在哪棵树下呀？

欣欣、晨晨：下次，咱们一起去吧！

教师思考

孩子们的一段对话把我也带进了他们好奇的小世界里。我听着他们的对话，对他们所说的小蘑菇也感到惊喜和好奇。于是，我购买了许多不同种类的蘑菇，投放到班里，并预设了很多可以开展的活动。

活动（二） 开展美术活动"我眼中的蘑菇"

孩子们见到了这么多不同的蘑菇，既惊奇，又欢喜。他们每人选择了一种蘑菇，左看看、右看看，在纸上画出了自己眼中小蘑菇的样子（图3-2-1、图3-2-2）。但是，在作品集中展示时，小朋友们却产生了疑问："明明是不同种类的蘑菇，为什么画出来的是一样的呢？"

图3-2-1

图3-2-2

教师思考

幼儿对蘑菇的兴趣和探究欲望始终没有减少，当他们看到了不同的蘑菇时，也进行了相应的观察。但是，这种观察是没有目的的。他们对蘑菇的认知经验较少，在绘画作品集中展示时，也发现了画出来的蘑菇极其相似的问题。

活动（三） 蘑菇大搜索

幼儿回到家后，自发地查阅了许多关于"蘑菇"的资料，并在班级微信群里分享了这些资料。

1. 查阅图书

幼儿通过查阅图书见到了不同种类的蘑菇，从而发现蘑菇的种类不同，它的外形也不同。比如，蘑菇有雨伞形的，也有花朵形的（图3-2-3、图3-2-4）。

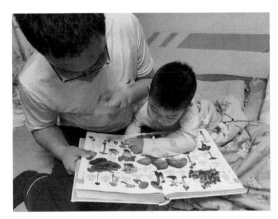

图3-2-3 　　　　　　　　　　　　　　图3-2-4

2. 网络查询

幼儿通过网络查询了解到蘑菇的生长条件和地域特点，还看到了毒蘑菇（图3-2-5、图3-2-6）。

图3-2-5 　　　　　　　　　　　　　　图3-2-6

3. 走进菜市场

有的幼儿走进菜市场，参与了家庭食材采购，知道了蘑菇的保存方式，还亲眼见到了独立的杏鲍菇（图3-2-7）和堆放在一起的小香菇（图3-2-8）。

图3-2-7　　　　　　　　　　图3-2-8

4. 走进厨房

幼儿和家长一起清洗蘑菇（图3-2-9），制作并品尝蘑菇菜肴（图3-2-10），发现蘑菇的口感、纹理各不相同。

图3-2-9　　　　　　　　　　图3-2-10

教师思考

　　幼儿自发的探索行为让他们通过自己的力量和家长的帮助进一步了解了蘑菇，观察到蘑菇的外形特征，还了解了蘑菇的生长条件、地域及保存方式等。幼儿将自己的发现与同伴分享的过程，也是经验共享的过程，是将个体经验集体化的有效方式。

活动（四）　和小蘑菇做游戏

孩子们在家里和家长做了这么多好玩的事儿，还和同伴进行了分享，但他们还是意犹未尽。于是，他们把这些小蘑菇带到了幼儿园。在这里，他们又和小蘑菇做了许多的游戏，有了新的发现。

韵韵：哇！小蘑菇掰开后，里面是一样的，都有竖的条纹（图3-2-11）。

承承：这两个香菇都是圆的，并且一样大（图3-2-12）。

图3-2-11　　　　　　　　　　图3-2-12

晨晨：这个白玉菇和你头发差不多长（图3-2-13）。

楚楚：香菇比口蘑大，而且颜色不同（图3-2-14）。

图3-2-13　　　　　　　　　　图3-2-14

泽泽：这个口蘑和我的鼻子一样大（图3-2-15)！

晴晴：这个金针菇太像头发了。你看，像不像头发帘儿（图3-2-16)?

图 3-2-15   图 3-2-16

教师思考

幼儿通过观察、对比、想象，在轻松的氛围中无意间获得了很多关于蘑菇的经验，知道了蘑菇的名称和特点，并且在表达的过程中使用了比喻、对比、形象代替等方法。

活动（五）   种植大行动

1. 户外种植

孩子们信心满满地给小蘑菇选好了家，并把它们分成了两部分，打算在幼儿园的前院和后院的小房子里分别种植。他们收集了蘑菇菌株，找到了种植工具和适宜的器皿，将一部分菌株埋在土里（图 3-2-17），另一部分菌株放在户外的小房子里（图 3-2-18）。种好蘑菇之后，孩子们每天户外活动时，都会给蘑菇喷水。但是由于天气逐渐变热，而且阳光比较充足，没过两天，小蘑菇就都干死了。户外种植行动宣告失败（图 3-2-19、图 3-2-20）（参看视频 3-2-1）。

图 3-2-17   图 3-2-18   扫码看视频 3-2-1

图 3 - 2 - 19   图 3 - 2 - 20

教师思考

　　虽然这是一次失败的种植经历，但是幼儿获得了种植蘑菇的重要经验。作为教师，我在前期没有否定幼儿的想法，而是支持他们根据自己的想法进行种植。孩子们通过这次种植活动，总结出了种植蘑菇时应尽量避开阳光，为后面的种植活动积累了重要的经验。

2. 自然角对比实验

　　为了找到适合小蘑菇生长的环境，幼儿在班级的自然角做了蘑菇生长对比实验，发现避光组的蘑菇要比见光组长得好。用纸巾盖住蘑菇，让它保持湿润，也是一种极好的种植方式（图 3 - 2 - 21）。最终，幼儿总结出了适合蘑菇生长的条件。但是，刚长出来的蘑菇暴露在空气中，很快就变干了。因此，还要继续探究适宜蘑菇生长的环境。

图 3 - 2 - 21

教师思考

孩子们通过自然角的对比实验，直观地看到了两组蘑菇的生长过程，得出了蘑菇的生长条件需要适宜的温度、湿度，并且蘑菇不喜阳。

3. 成立蘑菇工作室

（1）装饰蘑菇棚。

幼儿通过网络查到了利用大棚种植蘑菇的照片（图 3-2-22），随即在班里开展了对蘑菇棚的研究。最终，孩子们选择了一个大小合适的大棚。就这样，蘑菇工作室正式成立了。开始种植蘑菇之前，孩子们做了许多准备工作。他们兴致勃勃地分好了组，每组还起了好听的名字，有水培组和土培组（图 3-2-23）。他们装饰了蘑菇棚（图 3-2-24），制作了许多展板（图 3-2-25）。随后，又制订了相应的种植计划，正式开始了种植行动。

图 3-2-22

图 3-2-23

图 3-2-24

图 3-2-25

（2）制订种植计划。

在蘑菇工作室成立后，孩子们根据自己的想法分为四组。每组幼儿按照自己的种植设想和计划绘制了种植计划（图 3-2-26～图 3-2-29）。

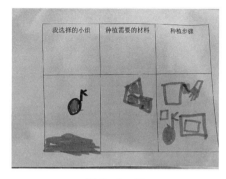

图 3-2-26

图 3-2-27

图 3-2-28

图 3-2-29

（3）蘑菇大棚种植。

幼儿制订种植计划后，分组种植了蘑菇。水培组的小朋友比较轻松，每天只需要用喷瓶把蘑菇菌株喷湿即可，但是土培组的小朋友需要将菌株挖出来（图 3-2-30），再种回土里。孩子们沉浸在这个过程中，享受着种植蘑菇带来的乐趣（图 3-2-31）（参看视频 3-2-2）。

图 3-2-30

图 3-2-31

扫码看视频 3-2-2

幼儿园微主题活动案例精选

教师思考

蘑菇大棚的出现，不仅为幼儿种植蘑菇提供了适宜的场地，也承载着幼儿对蘑菇的期盼与希望。他们在种植过程中表现得极为轻松和愉悦。作为教师，我也同幼儿一样对蘑菇菌株充满了期待。

活动（六）　和小蘑菇朝夕相处

1. 日常照顾小蘑菇

小蘑菇每天发生的点滴变化都会引起幼儿争先恐后地观察。他们每天早上来园后的第一件事就是去看望和照顾小蘑菇，观察其温度和湿度的变化。蘑菇每一天的变化都带给孩子们无限的惊喜（参看视频3-2-3）。

扫码看视频3-2-3

2. 记录小蘑菇的点滴

孩子们把每天的发现细心地记录下来。一天，我偶然翻看他们的观察记录本，他们的记录让我非常感动。他们绘画的蘑菇不再像之前那样相似，而是越来越细致，突显了蘑菇的外形特征，细节刻画得也非常到位，蘑菇的褶皱、纹理非常准确、逼真（图3-2-32~图3-2-35）。

图3-2-32

图3-2-33

图3-2-34

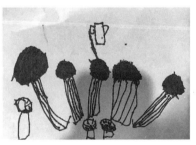
图3-2-35

106

教师思考

在幼儿记录蘑菇的过程中，可以显而易见地发现他们笔下的蘑菇从"粗犷"的大体记录变成了"精致"的细致记录。从表征记录的变化不难看出，孩子们眼中的蘑菇悄无声息地发生着变化，这一变化来自他们持续观察蘑菇生长的过程，只有亲自感受、细致观察，才会有如此精准的蘑菇表征记录。

活动（七） 丰收时刻

1. 蘑菇长出来啦

在孩子们的悉心照料下，小蘑菇终于长出来了（图3-2-36～图3-2-39）。

图3-2-36

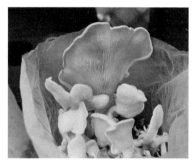

图3-2-37

图3-2-38

图3-2-39

2. 蘑菇大丰收

摘蘑菇的时候，孩子们席地而坐，争先恐后地摸着自己种出来的蘑菇，捧着它，憨憨地大笑（图3-2-40～图3-2-43），并且感叹着："蘑菇真的长出来啦！""小蘑菇变成大蘑菇啦！""原来大自然真的这么神奇啊！"有的小朋友把蘑菇带回了家，自己动手清洗并让家长做成美味的菜肴；还有的小朋友把蘑菇放在班里，每天向其他班的小朋友展示并介绍蘑菇的种类及生长过程（参看视频3-2-4）。

扫码看视频3-2-4

图 3 - 2 - 40

图 3 - 2 - 41

图 3 - 2 - 42

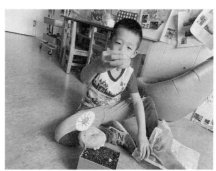

图 3 - 2 - 43

教师思考

在孩子们的悉心照料下，小蘑菇终于长出来了。蘑菇的生长过程虽然不长，却时时牵动着孩子们的心。他们早晨来到幼儿园后，会马上去看望小蘑菇，观察其温度与湿度的变化，给蘑菇喷水，绘画观察记录。周末休息的时候，也会叮嘱保安爷爷和值班教师帮忙照顾小蘑菇。作为教师，我看到蘑菇的生长过程中凝聚着孩子们的温暖、承载着孩子们的梦想、诠释着孩子们的用心。

活动（八）　晒干蘑菇

蘑菇摘了下来，孩子们非常开心。但是问题又来了，他们发现蘑菇很容易腐烂，大概半天的时间，蘑菇就会变软，随即就会发霉、长毛。这时，班里有个小朋友说他家的香菇都是干的，干的可以保存很长时间。孩子们听到这个消息后，纷纷把小蘑菇拿到户外，放在阳光最强的地方摊开、晾晒（图3 - 2 - 44、图3 - 2 - 45）。

图 3 - 2 - 44

图 3 - 2 - 45

教师思考

经过两天的时间，小蘑菇真的干了。幼儿在此过程中获得了新的认知经验。蘑菇干了，孩子们打算把它们穿起来，挂在班里。无形中，这也是一次艺术创作的过程。孩子们将自然物融入班级环境创设中，体现了他们对自然美的感受，是真实生活中的艺术表现。对于幼儿而言，这也是一个有意义的过程。

活动（九）　建造蘑菇乐园

当一系列活动开展后，孩子们的想法更有创意了。他们想把班级的楼道布置成一个"蘑菇乐园"。有的小朋友想用自己的作品装饰班级教室。于是，他们重点观察蘑菇的形态和细节（图 3 - 2 - 46、图 3 - 2 - 47），将自己一段时间积累的所见、所感、所想通过绘画的方式呈现出来（图 3 - 2 - 48～图 3 - 2 - 55）。

图 3 - 2 - 46

图 3 - 2 - 47

图 3 - 2 - 48   图 3 - 2 - 49

图 3 - 2 - 50   图 3 - 2 - 51

图 3 - 2 - 52   图 3 - 2 - 53

图 3-2-54

图 3-2-55

教师思考

当我看到孩子们的作品时，不禁被他们的创造力所感动，因为这种创造力源于好奇、基于观察、乐于表现。在接下来的环节中，我看到了孩子们对小蘑菇多角度、多形式、多感官的了解。他们在边种植边观察与记录的过程中，了解了蘑菇的外形特征、生长过程、颜色变化，积累了一些连续的、细致的、多角度的观察与记录经验。

活动反思

本次活动一共持续了 37 天。在这 37 天的时间里，孩子们从对蘑菇的"零"经验，经过一系列丰富的认知过程，主动探究、亲自实践、梳理总结，最终获得了有关蘑菇的知识及种植经验。孩子们现有的认知经验、审美经验、表现经验等，这些看似独立的经验其实是整合的，审美经验与认知经验是相互交织、通过共同发展而获得的。

在行之有效的欣赏、感受、体验中，幼儿的每次创造都凝聚并体现着生命力。每个孩子都乐在其中、美在其中。当我们看到一幅幅鲜活的儿童作品时，不禁惊叹于儿童的创造力。幼儿的美术活动要与感性生命相结合、与大自然的魅力相融合，才能创作出有生命力和自然之美的作品。

微主题活动三 好事"花"生（中班）

教师：姜 珊

扫码看彩图 3-3-1

活动背景

幼儿与教师结合秋收的季节特点，一起寻找秋天丰收的果蔬。在这一过程中,幼儿初遇花生,并迅速沉浸在对花生的细致观察中,他们对花生的每一个发现都充满了好奇。孩子们在你一言、我一语地交流中,有很多的想法,也产生了很多的疑问。我们发现生活中到处都是教育契机,即便是小小的花生,也蕴含着很多教育价值。我们及时地抓住了这个契机,和孩子们一起开启了探秘花生之旅。

幼儿兴趣生发后教师思考

《指南》指出:"幼儿通过直接感知、亲身体验和实际操作进行科学学习。"我们追随幼儿的兴趣点,逐步推进课程,开展了很多关于花生的游戏活动,通过看一看、想一想、做一做的方式,让幼儿主动学习、主动探究。

活动目标

1. 尝试有计划、有条理地剥花生,探索剥花生的好方法,提高动手能力。
2. 能运用生活中不同的材料进行想象绘画创作。
3. 在游戏与操作中感知1~10的数量关系,并能手口一致地点数。
4. 观察并感知花生壳与花生米在水中的沉浮现象,初步获得有关物体的沉浮经验。
5. 了解与花生有关的美味食物,萌生利用花生碎制作美食的兴趣。

活动过程

活动（一） 初遇花生

班里的自然角摆放着一盘花生。孩子们在观察、照顾植物时,偶然发现了花生,这引发了他们的讨论与思考。他们一边挑拣着盘里的花生,一边你一言、我一语地交流着。

烨烨:我觉得花生看起来有点儿像小葫芦,它有个圆圆的大肚子。

彤彤:花生的外壳摸起来有点儿硬硬的,表面不光滑。

鸣鸣:这盘花生应该可以吃吧?

思允:花生里面有好多花生米呢!

在孩子们热火朝天的谈论中,孩子们与花生的故事也开始啦!

教师思考

孩子们偶遇花生,对花生充满了好奇与探究欲望。从他们的交流中可以看出,他们有很多想法,对花生也有着很多的疑问。我们和孩子们一起带着这些疑问,开启了探秘花生之旅(图3-3-1、图3-3-2)。

图3-3-1   图3-3-2

活动（二）　花生壳里的秘密

教师追随幼儿对花生的兴趣，在班级的游戏区域投放了大量的花生，让孩子们能够在每一个游戏环节中与花生互动。这一天，几个小朋友在楼道的区域里开启了剥花生的游戏。孩子们一边剥着花生（图3-3-3、图3-3-4），一边与同伴相互交流着。

子义：我剥的花生里面有三粒花生米。

悦悦：我的有四粒呢！

糖糖：我剥的花生里有两颗花生米。

多米：我的花生里面有一粒。

图3-3-3   图3-3-4

活动（三）　剥花生比赛

鸣鸣：我这个花生太难剥了，怎么都弄不开啊？

蘅儿：你可以试试用牙咬开。你看，我就是用牙齿咬开的。

小艾：我用小手使劲儿压一下，花生就开了。

昂儿：用小手使劲儿一挤，花生就开了。

晗晗：有的花生上面有小口，用小手掰一下小口，花生就开了。

孩子们兴高采烈地剥着花生，有的剥得快，有的剥得慢；有用手剥的，有用牙咬开的，甚至还有用砸的方法剥花生。随着孩子们对剥花生的兴趣越来越浓厚，他们的探究欲望也越来越强烈，我们尊重孩子们的意愿，在班里开展了一次剥花生大赛（图3-3-5、图3-3-6），通过比赛的方式寻找一种既方便又卫生的剥花生好方法。

图3-3-5　　　　　　　　　　　　图3-3-6

教师思考

剥花生对幼儿来说是一次动手、动脑的好机会，它不仅能锻炼幼儿的小肌肉群、精细动作的发展，还能引发幼儿的探究与思考"怎么剥花生，才能剥得又快又好"。班里通过剥花生比赛提高了幼儿动手操作的能力。

活动（四）　花生迷宫

一天，我发现有两个小朋友在用花生壳玩创新游戏。只见灿灿与言言拿着花生壳，在桌子上拼拼摆摆，玩得不亦乐乎。

灿灿：你看，我这条花生小路是通向你那边的（图3-3-7）。你快用花生壳和我这条小路接上吧！

言言：我要把路挡住，不让你过来。我要围着你（的小路），再建造另一条路（图3-3-8）。

这时，彤彤走过来，她看了看桌子上的花生壳，询问着。

彤彤：你们在做什么呢？怎么用花生壳摆出这么多条路呢？难道你们在走迷宫？

灿灿：迷宫？

言言：迷宫？我只是把灿灿拼的（花生壳）路堵死，建造一条新的路线。

浩源：（这个）就跟迷宫似的，可真好玩！我和你们一起玩，行吗？

几个小朋友异口同声地说：好啊，好啊！

图 3-3-7

图 3-3-8

教师思考

　　幼儿的学习方式以直接感知、亲身体验和实际操作为主。教师应该追随幼儿的兴趣，结合幼儿的已有经验，推动活动进一步开展。孩子们在拼摆花生壳小路的过程中发现了花生迷宫的新玩法。幼儿通过动手操作与尝试，在探索中有所发现，进而感到兴奋和满足。

活动（五）　捣碎花生、寻找工具

　　一次早餐引发了孩子们的思考与讨论。

　　正者：今天，我们吃的小馒头里面有一些小粒粒，硬硬的，好像是花生。

　　熹熹：那是花生碎。花生捣成碎碎的，可以做成花生小馒头。

　　劼劼：我吃过花生做的饼干（图3-3-9），花生是碎碎的，裹在饼干里，甜甜的，特别香。

　　小艾：爷爷给我炸过花生米，花生米是一粒儿、一粒儿的，吃起来是咸咸的、脆脆的。

　　桐桐：妈妈在超市给我买过花生酱，是抹在面包上吃的。

　　灏昂：妈妈用捣碎的花生给我做过花生糖（图3-3-10），放在嘴里嚼，可香了。

　　轩轩：我们把花生捣碎，一起做花生美食吧！

图 3-3-9　　　　　　　　　　　图 3-3-10

孩子们开始思考怎么把花生弄碎，他们带着问题开展了捣碎花生工具的探究。孩子们的猜想是用带锯齿的刀把花生切碎；用切菜的刀把花生剁碎；用小锤子使劲儿一砸，花生就碎了；把花生放在案板上，用擀面杖使劲儿一擀，花生就会碎；还可以用大石头使劲儿一砸，花生就会碎了；用筷子把花生夹碎；用捣碎器把花生捣碎。孩子们在与同伴的交流与分享中，诉说着自己独特的想法。在捣碎花生的过程中，他们再次遇到了新问题。

清清：我使劲儿一砸花生，花生碎就溅到桌子上了（图3-3-11）。

墨墨：我是一粒儿一粒儿擀的。可是，我的花生碎还是"跑"到地上去了（图3-3-12）。

晗晗：掉到地上的花生碎就不能吃了，很不卫生。

嘉妤：那就是浪费食物了，脏了就得扔掉。

孩子们发现问题后，快速地思考着，尝试寻找适宜的工具……

竟伊：快来看一看，我找到了一个托盘，用它来捣碎花生。

希希：我在家里看过妈妈切菜，她会用手挡着，我也学学妈妈的样子。

晨晨：我用手当作小盖子，放在捣碎器的上面，捂住口的位置，这样怎么使劲儿捣，花生碎都不会溅出来。

昊辰：我想把花生装进密封袋里，那样就不会散落在地上了。

孩子们通过尝试知道了只要把花生放在封闭的空间里捣碎，花生碎就不会到处乱"跑"了。

图3-3-11

图3-3-12

教师思考

《指南》中指出，教师需要"给幼儿提供丰富的材料和适宜的工具"。在本次活动中，教师尝试让幼儿成为探究的主人，发挥幼儿的自主性，引导幼儿结合已有生活经验去寻找、发现可操作的工具，让幼儿在试误的过程中积累经验，并找到最适宜的工具和材料。

活动（六） 花生美食

小小的花生却有着大大的"能量"。孩子们利用周末在家的亲子时光，与家长们一起制作了各种各样的花生美食。随便炸一炸，就能变出有营养的花生油，还有脆脆的花生米，成了爸爸们的最爱；将花生碎蘸上酱料，裹在饼干上，就能变成甜甜的花生脆；用小面团包住花生，把它揉成花生球，放进烤箱里，

扫码看视频 3-3-1

烤一烤，就变成了又香又酥的花生酥。孩子们在活动中体验着制作花生美食带来的乐趣，感受着幸福的亲子时光（参看视频3-3-1）。

活动（七） 种植花生

我们结合幼儿对花生的兴趣，引导幼儿通过多种方式学习，如亲子学习、多媒体学习等，从多种渠道了解花生种植和制作花生美食的方法。因为幼儿自主选择了干、湿两种不同的花生，所以我们开展了分组种植。小朋友与自己的队友互相帮助，共同完成了种植花生的任务（图3-3-13、图3-3-14）。孩子们在每天的照料与管理方面，也遇到了种种困难。他们在教师的引导与帮助下，观察实物、分析原因，采用表征记录的方式记录了自己遇到的问题，以便在后续活动中进行经验分享。当孩子们发现问题后，纷纷行动起来，开始调整自己的照顾方式。看着孩子们雷厉风行的行动力，我想他们一定十分期待花生收获的时刻。

图3-3-13

图3-3-14

活动反思

《纲要》中指出：教师要"善于发现幼儿感兴趣的事物、游戏和偶发事件中所隐含的教育价值，把握时机，积极引导"。在微主题活动的实施上，我选择了幼儿感兴趣的事物——花生，它贴近幼儿生活，可以最大化地开发和利用

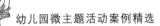

其教育价值。我还根据幼儿的认知特点，顺应幼儿的创造性思维，为幼儿提供了真实的种植体验，让幼儿在真实的情景中多感官学习，充分调动了幼儿学习的积极性、主动性，使他们真正成为活动的主体。

微主题活动四　好"布"好玩（大班）

教师：朱　静

扫码看彩图 3-4-1

活动背景

　　布制品广泛地存在于我们的生活中，既有各式各样的衣服，又有各类床单、被罩、毛巾、布制的玩具等。布既是我们生活中的必需品，也属于传统文化的一部分。在大三班孩子们的手中，布变成了童趣的作品，也变成了体育游戏中的运动材料。《指南》中健康领域指出，幼儿"动作发展应具有一定的平衡能力，动作协调、灵敏；具有一定的力量和耐力；手的动作灵活、协调"。幼儿在探索布的玩法过程中，不仅通过游戏使身体的平衡能力、协调性、灵活性得到了发展，也在操作布的过程中，促进了手部动作的发展。

　　故事开始于一块掉落的布。在周五的班级大扫除中，百宝箱里的布被孩子们拿出来，重新叠好，摆放整齐。一块掉落在地上的天鹅绒布引起了孩子们的兴趣，他们停下手里的"小任务"，聊起了这块"淘气"的布。

　　小晗：它像不像咱们操场上的小拉车？也是这个蓝色！

　　小汐：哈哈！那你快坐上去试试，我拉着你走呀！

　　小晗：哈哈哈，太好玩啦（图3-4-1）！

小晗的欢声笑语引起了周围小朋友的注意。就这样，玩布的游戏开始啦！

图 3-4-1

大班幼儿活泼、好动，他们各种动作的发展日趋完善，游戏水平较上学期有明显的提高，自主性和创造性都有了进一步的发展，喜欢将生活中的废旧物品作为游戏材料，也喜欢提出自己的游戏设想并尝试游戏，更愿意与同伴合作游戏。因此，我们借助孩子们对布的兴趣点，拓展了游戏创意，为他们提供宽松、安全的探索环境，给他们更多的表达与合作机会。

创意多多，怎么办？孩子们你一言、我一语，聊着一块布能玩什么游戏。随后，大家根据自己的兴趣结成了不同的小组，全班共同设计了"玩布计划书"，开始了玩布游戏大探索！

活动目标

1. 自主探索布的多种体育游戏玩法。
2. 能与同伴合作完成游戏计划书的项目。
3. 能发现游戏中遇到的问题，结合已有经验，与同伴共同寻找解决的办法。
4. 结合各种布的不同特性，设计适宜的游戏。
5. 体验利用低结构材料进行创意游戏的乐趣。

活动过程

活动（一） 初次设计游戏

孩子们商量着如何用布玩跳跃游戏。

珺珺：咱们去离班级最近的平台，就能玩。

晗晗：体能操里有很多种跳的方法，咱们也试试吧！

宇博：咱们分工合作，你（负责）设计动作，我去找布。

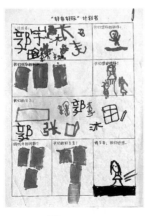

图 3-4-2　　　　　　　图 3-4-3

图 3-4-4 　　　　　　　　　　　　　　图 3-4-5

第一组小朋友们选择了一些形状规则、大小相同的布，结合已有的游戏经验，尝试了多种形式的跳跃游戏（图 3-4-2～图 3-4-5）。这也给了其他小组幼儿一些启发，让班里的"布"游戏变得花样多多。

活动（二）　挑战更多玩法

投掷游戏小组的孩子们决定给布的外形做些改变（图 3-4-6～图 3-4-9）。

潼潼：我想把这块花布上的花纹剪下来！

瑞瑞：（那布的上面）就会有好多洞啦！

皓泖：那我们比赛，看看谁能扔得准吧！

畅畅：我觉得把布挂在后院的银杏树中间，应该正合适。

图 3-4-6 　　　　　　　　　　　　　　图 3-4-7

图 3 - 4 - 8

图 3 - 4 - 9

走步游戏中，走的动作最简单。怎么走，才能让玩布游戏更有趣呢？

凯凯：我们可以（用布）运球走呀！

洋洋：球不能掉下来，咱们试试看吧！

潼潼：是不是像颠篮球一样呢？请大家先试试！

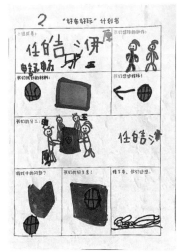

图 3 - 4 - 10

图 3 - 4 - 11

用布运球和颠球都好有趣啊（图 3 - 4 - 10、图 3 - 4 - 11）！后院落下的银杏叶也能用布玩吗？

小奕：银杏叶很软，我要选一块天鹅绒来配它！

小汐：银杏叶都是从树上落下来的。这次，我们要让它飞起来！

甜甜：就像飞舞的蝴蝶（图 3 - 4 - 12～图 3 - 4 - 15）！

图 3 - 4 - 12　　　　　　　　　　图 3 - 4 - 13

图 3 - 4 - 14　　　　　　　　　　图 3 - 4 - 15

　　"捞小鱼"是孩子们喜欢的四散追逐跑游戏之一，怎样才能"捞"到更多的"鱼"？孩子们有了好办法（图 3 - 4 - 16、图 3 - 4 - 17）。

　　雨桐：渔网越大，捞的小鱼越多！

　　甜甜：我们跑快点儿，能抓更多的小鱼！

　　小奕：渔夫要是能提前猜到小鱼往哪儿游，就更好啦！

　　"你抛我接"是好朋友之间喜欢玩的互动游戏。这次，孩子们想出了更有趣的接球方法（图 3 - 4 - 18、图 3 - 4 - 19）。

　　欣然：用手接，有时接不住球呀！

　　珺珺：那我们用一块大布来接吧！

　　小奕：那咱们还用流星球，这次一定能接住！

图 3 - 4 - 16

图 3 - 4 - 17

图 3 - 4 - 18

图 3 - 4 - 19

"爬"的动作和布能碰出怎样的"火花"？孩子们有了新的创意玩法（图 3 - 4 - 20～图 3 - 4 - 23）。

夕颜：在布上面爬，没有挑战呀！

小汐：那我们在布下面爬吧！哈哈！

洋洋：我们可以用椅子把布撑起来！

图 3 - 4 - 20　　　　　　　　　　　　图 3 - 4 - 21

图 3 - 4 - 22　　　　　　　　　　　　图 3 - 4 - 23

在活动中，幼儿以布为游戏材料，设计了各种各样的游戏动作，如投掷、跨跳、多人协同走、抛接、匍匐爬等，发展了上下肢力量、身体的平衡能力和协调性、灵活性等，同时，也感受到了设计体育游戏带来的快乐。如此丰富的布类游戏，哪些游戏最受大班小朋友的喜爱呢？

活动（三）　"全班最喜爱的布游戏"大调查

我：你们为了玩自己最喜欢的游戏，做了哪些准备？遇到了哪些问题？

语洋：我们找来了三楼所有的地垫。

晗晗：我们选了最近的三楼平台，但是（场地）有点儿小。

大廷：我们用椅子当做山洞的墙壁。

珺珺：好看的布可以用来当山洞的顶。可是，这也太难固定了吧！

我：那有什么好办法可以解决这些问题吗？

小沙：去前院玩吧，那里宽敞！

珊珊：我们去了包包工作室，从百宝箱里拿了好多的夹子！

雨桐：一个人可夹不好！我和珊珊一起夹才行！

小沙：把布套在椅子上夹，是夹不住的，得把布从椅背中间穿过来再夹，才行！

凯凯：我和小伙伴还找到了胶带，固定的时候用，又方便，又牢固！

我：谁还有什么好的想法跟大家分享吗？

曦潼：（按照）直线钻山洞太简单了，我想挑战弯道的！

皓泖：拐弯也好容易呀！怎么才能让小朋友们都爱玩呢？

宸瑞：要不，咱们做个迷宫吧？不仅有弯道，还要动脑筋呢！

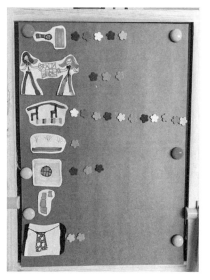

图 3 - 4 - 24

活动（四）　筹备迷宫

孩子们投票选出了自己最喜欢的"布游戏"（图 3 - 4 - 24）并开展了"投票结果·你问我答"的活动，由此拓展出想要设计布迷宫游戏的想法（图 3 - 4 - 25、图 3 - 4 - 26）。同时，孩子们有设计游戏的经验，在游戏过程中遇到过"突发情况"，能够根据自己的前期经验与同伴交流，共同商量、解决遇到的问题。

图 3 - 4 - 25

图 3 - 4 - 26

观察次数		记录	分析
第一次观察		1. 小设计师活动前与小建筑师沟通：我们的设计是这样的，需要用到地垫、攀爬架和轮胎 2. 工程组小组长：那我们分别搜集这些材料吧！轮胎需要多来几个小朋友一起运	1. 幼儿有执行计划的意识，并能与同伴沟通自己的想法 2. 幼儿能根据计划思考、分工合作，并根据计划的难易程度调整负责的人数
第二次观察	第一组（设计组）	1. 小孙：这里的垫子应该拐弯，你看这个图 2. 小李：咦？攀爬架下放不了大垫子吗？那换一块试试	有执行计划的意识，能发现实际操作过程中的问题，并及时与同伴沟通、调整，解决游戏中遇到的问题
	第二组（工程组）	1. 小设计师主动参与到轮胎山搭建的过程中。工程组的小朋友走过来：大轮胎太重了，咱们一起搬吧 2. 珊珊在夹布：我又遇到这个问题啦 雨桐：来啦！咱俩一起才能完成呢	幼儿能积极参与任务，需要帮助时能主动向同伴寻求帮助，也能在他人遇到困难时，主动提供帮助
	第三组（收纳组）	珊珊：我收垫子吧 小奕：我帮你 轩轩：拱形门，我来摆整齐。（你）记得把布叠好啊 其他组小朋友：咱们一起收轮胎吧	在游戏结束后，幼儿能主动整理所用的材料，分工合作的同时，也能互帮互助

总体评价：
幼儿能积极地共同设计、执行计划、实现游戏，乐于互动，并愿意与同伴分享经验，能通过主动参与获得成就感

在整个微主题活动过程中，幼儿以布为游戏材料，设计了各种各样的游戏动作，发展了上下肢力量、身体的协调性、平衡能力等，享受着体育游戏带来的快乐

1. 幼儿的游戏经验

在幼儿园的不远处有一处植物迷宫。这里是孩子们晚离园后的乐园（图3-4-27、图3-4-28），也是他们对"迷宫"这一概念最初的体验。孩子们将对迷宫的兴趣延伸到了幼儿园，一场把布作为主要材料的迷宫游戏即将开始。

图3-4-27

图3-4-28

2. 幼儿想用的游戏道具

海绵独木桥（图3-4-29）、轮胎（图3-4-30）、各色的垫子（图3-4-31）、爬网（图3-4-32）、拱形门（图3-4-33）、剪刀和胶带（图3-4-34）以及自己制作的获胜小红旗（图3-4-35）。

图 3 - 4 - 29

图 3 - 4 - 30

图 3 - 4 - 31

图 3 - 4 - 32

图 3 - 4 - 33

图 3 - 4 - 34

3. 迷宫设计图

幼儿结合想要使用的游戏道具及材料，设计了迷宫（图3-4-36）。

图 3 - 4 - 35

图 3 - 4 - 36　　　　　　　　　扫码看视频 3 - 4 - 1

4. 搭建迷宫

在搭建迷宫的过程中，幼儿之间互相合作，依据迷宫设计图，合作搭建（图 3 - 4 - 37～图 3 - 4 - 40）（参看视频 3 - 4 - 1）。

图 3 - 4 - 37

图 3 - 4 - 38

图 3 - 4 - 39

图 3 - 4 - 40

5. 闯关成功

闯关成功的小朋友摘下了胜利的小红旗（图 3 - 4 - 41、图 3 - 4 - 42）。

图 3 - 4 - 41

图 3 - 4 - 42

活动反思

孩子们针对游戏中遇到的各种"突发状况"，通过讨论验证想法，回忆相关经验，交流解决方法，在实施过程中及时调整。这也让教师看到了孩子们在设计游戏的过程中具有无限发展的可能。"设计体育游戏"能使幼儿整合已有经验、大胆创想。遇到"突发状况"，他们也能通过不断地讨论与尝试，最终找到解决问题的方法，提升游戏经验。

在设计迷宫的游戏中，孩子们集思广益、互相沟通，大家也纷纷将自己设计的小机关分享给小设计师。小设计师把脑海中的创想与同伴的好点子结合在一起，画出了迷宫。

在实现迷宫游戏的过程中，孩子们积极投入、分工合作、互帮互助，这是推动游戏持续进行的关键，也让他们有机会体验"设计体育游戏"的快乐和成功。孩子们在游戏中不断发现问题，迁移已有游戏经验，共同商讨解决的方法，在游戏中不断成长。

微主题活动五　趣玩绳索游戏（大班）

教师：赵　伟

扫码看彩图 3-5-1

活动背景

在幼儿园的一次分享谈话中，珉珉和珊珊说起了上周六去"西游王国"游玩的经历，里面有个索道游戏很有意思。玩索道游戏时，先站在一个位置很高的台阶上，双手抓住绳索上面的把手，抬起双脚，顺着索道就能向下滑，这样的过程十分有趣。没想到，这一游戏体验很快引起了其他小朋友的共鸣，大家纷纷感叹索道游戏紧张又刺激，非常好玩。有的小朋友没有尝试过，好奇地问："玩的时候，会不会掉下来？""到达终点之后，该怎么下来？"表现出对索道游戏浓厚的兴趣。也有的小朋友提出了更为复杂的设计，可以利用班里的绳子等材料，借助索道游戏的形式，做成多米诺骨牌机关，将机关从高处滑下，撞倒多米诺骨牌。于是，大一班的小朋友们开展了关于绳索机关的设计与尝试。

幼儿兴趣生发后教师思考

幼儿将在外游玩的经历分享给班里的小朋友，引起了全班小朋友的共鸣。我们在倾听幼儿谈话的同时，洞察了幼儿的内心世界，发现兴趣就藏在他们日常生活的话语和动作之中。正是因为教师的认真倾听、及时参与和恰当引导，才生成了一个满足幼儿兴趣的微主题活动。尽管我们还不知道孩子们和绳索之间会发生哪些有趣的故事，但孩子们兴奋的样子也感染着我们，我们期待着和孩子们一起去研究、去探索、去学习。

活动目标

1. 能通过观察、比较与分析，发现并描述不同种类物体的特征或某个事物前后的变化。

2. 在探索过程中，当有所发现时，会感到兴奋和满足。

3. 在猜测用什么绳子更适合时，能迁移已有认知经验及参考同伴的建议，大胆尝试具体的方法。

4. 挑战"绳索多米诺"游戏时，能与他人交流、合作。

5. 能借助数字、图画、图表进行表征记录。

活动过程

活动（一） 什么绳子最适合

在游戏过程中，孩子们开始讨论：什么样的绳子最适合设置绳索机关？这样的话题促使孩子们萌生了强烈的求知欲及探索欲。在讨论过程中，幼儿对于以往在生活中常见绳子的材质特征给出了自己的意见。教师从幼儿间的交流与探讨中发现，在幼儿的认知世界里，他们对各种事物的自主学习能力远远超过成人。他们通过小组成员之间的讨论与尝试，能在轻松的氛围中感受科学探究类游戏的乐趣，并结合生活实际，发现事物不同的特征。

浩浩：麻绳上有很多毛，太粗糙，不好滑（图 3-5-1）。

瑞瑞：我们可以试试啊！

淇淇：毛线太软了，容易弯（图 3-5-2）。

白白：软铁丝也不行，拉不直。

白白：我看到"西游王国"的索道就是用粗粗的铁丝做的（图 3-5-3）。

承承：丝带太粗了，不好滑。

墨墨：可是丝带很滑呀！

瑞瑞：我们一起去试试吧！

经过反复实验，孩子们觉得圆圆的、滑滑的绳子更适合（图 3-5-4）！

图 3-5-1

图 3-5-2

图 3 - 5 - 3   图 3 - 5 - 4

教师思考

孩子们对什么样的绳子更适合充满了探究欲望。在讨论过程中，他们对已有经验进行了爆发式分享。随后，他们又选取不同种类的绳子进行了实验，最终确定了适合开展索道游戏的绳子类型。

活动（二）　什么材料能够做机关

洋洋：剪刀可以成功，因为剪刀的里面（指剪刀把儿的里圈）滑滑的（图3 - 5 - 5）。

佑佑：磁力片可以成功，因为它重量不轻，也不重（图3 - 5 - 6）。

芃芃：魔尺可以成功，因为它放在绳子上，能够滑下来（图3 - 5 - 7）。

承承：泡沫圆环不能成功，因为它太轻啦（图3 - 5 - 8）!

图 3 - 5 - 5   图 3 - 5 - 6

图 3 - 5 - 7   图 3 - 5 - 8

活动（三） 绳子拴在哪里更合适

接下来，孩子们开始探索绳子拴在哪里才能形成较为良好的绳索滑道效果。孩子们经过集体投票，认为床栏杆及门把手能够形成更加良好的效果。随后，他们开展了不同绳索的绑扎实验。

图 3 - 5 - 9

经过投票，我们发现同意把绳索拴在床栏杆和门把手上的票数比较多（图3 - 5 - 9）。

投票后，孩子们迫不及待地开始分组实验。

浩浩：纸砖太轻，压不住绳子（图3 - 5 - 10）。

洋洋：电视上没有拴绳子的地方（图3 - 5 - 11）。

浠浠：门把手可以（图3 - 5 - 12）。

墨墨：床栏杆也可以（图3 - 5 - 13）。

图 3 - 5 - 10

图 3 - 5 - 11

图 3-5-12

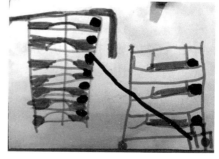
图 3-5-13

教师思考

对于幼儿而言，在这样的游戏活动中，最难的环节恐怕就是系绳子了。这个环节需要孩子们掌握专业的拴绳方法，还要有耐心，才能把绳子拴得牢固。我们预设这个系绳子的技能需要家园合作，一起帮助幼儿通过观察、动手操作掌握相关技能，积累相关经验。只有反复尝试与练习，才能获得成功。

活动（四）　绳子怎么打结

今天，区域活动时，玉晨和圣坤又选择了科学区，去挑战用绳索机关击倒多米诺骨牌的游戏。只见，玉晨拿起一根尼龙绳，就往椅子背上拴。他将绳子的一端在椅背上面的横梁上绕了很多圈儿，但是稍一松手，绳子就散了，怎么拴都拴不好。他着急地招呼其他小朋友来帮忙。

玉晨：我不会系绳子，谁来帮帮我啊？

雨涵：我会。我来帮助你吧！

雨涵蹲下身来，用很慢的动作一步一步地边系绳子边给玉晨讲解系绳子的方法。玉晨好像是看懂了，但是轮到他实际操作起来，又不像刚才看上去的那样简单。于是，雨涵又手把手地教了他一遍。椅子背上面的横梁是拴绳子的最高点，已经拴好绳子了。玉晨说："另一端，我想拴在攀爬网架子下面的'腿'上。"说完，他就开始拴了起来。可是，在系双蝴蝶结的时候，他又忘记该往哪个洞洞里穿绳子了。

教师思考

在观察幼儿活动时，我们发现系绳子对于幼儿来说是个难题，需要掌握专业系绳子的方法，还要有足够的耐心。我们根据观察到的情况，为幼儿提供了环境支持，即将系绳子的步骤图张贴在班级的墙上，让所有的幼儿都能看到。如果幼儿忘了怎么系绳子，可以对照步骤图操作，引导幼儿共同学习、共同发展。同时，通过家园合作帮助幼儿掌握系绳子的方法。如，在家里练习系鞋带（图3-5-14）或系衣服上、裤子上的带子等。孩子们在一次次的尝试中终于学会了系绳子（图3-5-15），掌握了这项生活技能，获得了成功。学习系绳子的过程也体现了孩子们不怕困难、勇于接受挑战的精神。

图 3-5-14

图 3-5-15

活动（五）　怎样才能击倒多米诺骨牌

墨墨很快将绳子的一端固定在了大树上，另一端固定在了椅子上。兆祥负责将地上的多米诺骨牌摆好。这时，新的问题又出现了：绳子上的磁力片机关没有滑到终点，就停了下来。他们反复试了几次，还是没有成功。

楚楚：机关撞不到多米诺（骨牌），停在了绳子的中间。

兆祥：可能是绳子太弯了。

楚楚：对，就是绳子不够直。

于是，他们将椅子向后拽了拽，把绳子拉直。这一次，磁力片机关终于顺着绳子滑了下来，成功地击倒了多米诺骨牌。孩子们看到自己做的绳索滑道成功了，大声地欢呼起来！

活动（六）　挑战"绳索多米诺"游戏

如何在拴好绳索之后，顺利地击倒多米诺骨牌呢？幼儿通过对绳索的高低位置、伸直状态及机关大小等进行探究和调整，发现在绳索一端高、一端低且紧绷的状态下，用体积相对较大的机关对多米诺骨牌进行撞击，才能达到最终的游戏目的（参看视频3-5-1）。孩子们在尝试击倒多米诺骨牌的过程中，发现了很多问题。

恩浩：绳子没有拉直，不行（图3-5-16）。

玉晨：绳子拴得太低了，机关滑不下来（图3-5-17）。

洋洋：机关太小了，撞击不到多米诺（骨牌）。

扫码看视频3-5-1

图 3 - 5 - 16

图 3 - 5 - 17

孩子们通过对绳索高低位置（图3-5-18）、伸直状态及机关大小等进行对比、探索、调整，发现只有在绳索一端高、一端低且紧绷的状态下（图3-5-19），以体积相对较大的机关对多米诺骨牌进行撞击（图3-5-20），才能将多米诺骨牌击倒，完成游戏任务。基于这样的成功经验，其他的小朋友也想加入绳索机关游戏中。接下来，大家选定了幼儿园里两棵相邻的大树，决定使用更加结实的材料制作绳索（图3-5-21），连接在两棵树之间，创设更加安全且庞大的绳索机关。

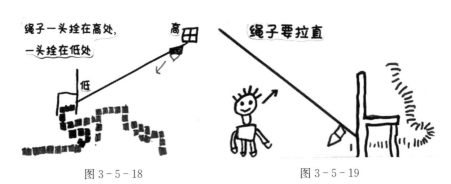

图 3 - 5 - 18

图 3 - 5 - 19

图 3 - 5 - 20

图 3 - 5 - 21

教师思考

孩子们利用生活中的不同材料及已有的认知经验等，制作出水平符合大班幼儿年龄特点的绳索机关游戏。他们在感受绳索机关游戏快乐的同时，也开始深入思考生活中常见绳索的应用。教师在这一游戏过程中并未直接介入，而是为孩子们提供了充分的想象空间与自由探索的时间，促使幼儿在交流与尝试的过程中对各种问题进行研究、探索，深度学习，获得更深层次的发展。

活动（七） 挑战户外绳索机关游戏

室内绳索机关游戏成功了，游戏还在不断升级。孩子们又提出了新的想法。

楚楚：我好想到操场上，把绳子拴到树上啊！因为我觉得树最高了。

瀚天：对啊！机关顺着树上拴的绳子滑下来，一定很酷啊！

于是，我们带着孩子们来到了户外。小朋友们一起讨论、分工后，开始实施计划。他们有的负责拴绳子，有的负责用纸砖来搭建多米诺骨牌（参看视频3-5-2）。

扫码看视频3-5-2

楚楚：树太高了，够不到。

紫萱：咱们去找梯子！

他们在院子里四处张望，找到了梯子，并合力将梯子抬了过来。小帅颤抖着爬上了梯子，迟迟不敢系绳子。

洋洋：你要是害怕，我来拴。

小帅：我要试一试！

洋洋：别怕，你来拴，我来保护你（图3-5-22）！

就这样，大家互相帮助与合作，完成了大型绳索机关设置与多米诺骨牌的搭建。在关键时刻，孩子们握紧了小拳头，眼睛紧紧地盯着机关从大树的高处滑下来。当机关击倒了操场上的多米诺骨牌时，他们不停地欢呼、雀跃（图3-5-23）。

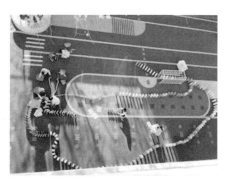

图3-5-22 　　　　　　　　　　图3-5-23

教师思考

当孩子们将行动与材料建立联系时，他们就会像探险家一样去冒险。游戏中，他们专注地建构着、思考着。从中我们不难看出，幼儿能关注别人的情绪和需要，并给予力所能及的帮助，体现了幼儿积极主动、不怕困难、互相合作、完成挑战的良好学习品质。

活动反思

整个微主题活动中，孩子们在兴趣的驱动下不断积累探究经验。作为教师，我们需要做的就是给予幼儿充分的探究时间和空间，鼓励他们不断地探索与表征，在探究中解决问题并建构新经验。本次活动体现了幼儿深度探究、深度学习的精神，让幼儿获得了充分而全面的发展（参看视频 3-5-3）。

扫码看视频 3-5-3

第四章 社会实践篇

微主题活动一　宛平博物馆建造记（中班）

教师：王　雪

扫码看彩图 4-1-1

活动背景

孩子们的游戏时间到了，他们在院子里尽情地玩着。我在观察孩子们游戏的过程中，听到了他们的对话。

小艾：桌子上的作品太多了，快装不下了。

糖糖：墙上的格子里也满了。

游戏分享环节，孩子们说出了自己的发现和想法。经过多次讨论，他们决定给陶艺作品找个更大的地方摆放。由此，我们展开了以"宛平博物馆建造记"为主题的一系列游戏活动。

幼儿兴趣生发后教师思考

随着孩子们对陶艺创作兴趣的逐渐提升，越来越多的作品呈现在陶艺坊。中班幼儿对发现的问题喜欢动脑筋想办法解决，他们善于思考，并能积极地运用各种感官去探索与发现。在建造博物馆的游戏中，教师充分利用社会实践活动，引导幼儿通过观察与发现，探索解决问题的方法，帮助幼儿不断积累新经验，并运用到新的学习活动中。教师为幼儿创造了充分的条件和机会，激发了幼儿对美的感受与体验。与此同时，教师也在思考，用什么样的方式能够促进幼儿深度探究、深度学习。

活动目标

1. 通过社会实践、实地考察等方式，丰富对博物馆的认知与理解，能将个人经验分享给同伴。

2. 观察博物馆里藏品的展示方式，选择自己喜欢的方式进行记录并运用到生活中。

3. 运用幼儿能够理解的方式激发幼儿爱祖国、爱家乡的情感。

4. 通过建造博物馆，拓展幼儿思考问题的深度和广度。

5. 结合社会实践活动，激发幼儿对美的感受与欣赏。

活动过程

活动（一） 倾听幼儿的声音

孩子们的游戏时间到了，他们在院子里尽情地游戏着。我在观察孩子们的游戏过程中，听到了他们的对话。

小艾：桌子上的作品太多了，快装不下了（图4-1-1）。

糖糖：墙上的格子里也放满了作品，这可怎么办呀？

正者：我们需要找个更大的地方装我们的作品。

轩轩：这个地方还要离小朋友近一点儿。这样，我们做完了（作品），就可以马上放进去。

糖糖：我觉得还要能遮风挡雨，这样，我们的作品就不会坏掉。

游戏分享环节，孩子们说出了自己的发现和想法。经过多次讨论，他们决定给作品找个更大的地方摆放。最终，他们找到了后院的教室（图4-1-2），这里能满足孩子们的需要。由此，我们展开了一系列的主题游戏活动。

图4-1-1

图4-1-2

活动（二） 作品的"新家"

孩子们迫不及待地将之前的作品统统摆放在教室的地面上，等待其他小朋友前来欣赏。这时，安安的话引起了孩子们的讨论。

安安：这些作品摆在地上太乱了。

清清：是呀！小朋友蹲在地上看，有点儿挤。

悦悦：应该放到高一点儿的地方。

劢劢：还可以放在展台上。

教师思考

什么样的物品适合做展台呢？孩子们纷纷说出了自己的想法，并用绘画的形式记录下自己觉得适合的物品。孩子们在生活中找到了各种材料，比如，架子（图4-1-3）、废旧椅子（图4-1-4）、纸箱（图4-1-5）、展台（图4-1-6）等，再次尝试。

图4-1-3

图4-1-4

图4-1-5

图4-1-6

活动（三） 再次邀请小客人

第二天的区域游戏时间，孩子们邀请其他班级的小朋友来这里参观。这一次，他们又有了新的发现。虽然有了展台，但是作品摆在一起，还是很挤（图4-1-7），而且小朋友一转身，很容易碰倒旁边的作品。那么，应该怎样布置博物馆的展品呢（图4-1-8）？

图 4-1-7

图 4-1-8

　　孩子们开始关注物品的摆放方式，他们从生活中寻找展架的样子及物品的摆放方式（图 4-1-9～图 4-1-12）。

图 4-1-9

图 4-1-10

图 4-1-11

图 4-1-12

桐桐带来了两张和爸爸、妈妈去首都博物馆参观的照片（图4-1-13、图4-1-14）。这些照片引起了其他小朋友的关注。同时，教师也在思考，是否可以通过一次参观博物馆的实践活动，促进幼儿深度学习和持续探究。

图4-1-13

图4-1-14

活动（四）　揭秘首都博物馆

那么，孩子们对首都博物馆了解多少呢？

我通过对儿童访谈，了解到每个幼儿对首都博物馆的理解都是不一样的。同时，我做了一个统计（表4-1-1），班里共有7名幼儿去过首都博物馆，12名幼儿只是听说过、没有去过，8名幼儿完全没有听说过。

表4-1-1　首都博物馆认知统计表

7名幼儿去过	12名幼儿知道，但没有去过	8名幼儿完全不知道
·我看到首都博物馆里面有很多陶艺作品 ·首都博物馆里有很多青花瓷作品 ·首都博物馆里有珍藏的宝贝 ·在首都博物馆里不能大声喧哗 ·我们是坐地铁去首都博物馆，很方便 ·首都博物馆一共有七层，特别大 ·首都博物馆里有很多展厅	·爸爸开车的时候，我们路过首都博物馆，所以看见过 ·我在网上看到过首都博物馆的公众号，里面有很多瓷器 ·我听说首都博物馆在北京，特别大	·里面有什么 ·除了瓷器，还有别的吗 ·首都博物馆那么大，是不是会放很多宝贝呢

教师思考

我在倾听了幼儿的想法之后，了解到孩子们对首都博物馆的理解各不相同。于是，我播放了一段介绍首都博物馆的视频。孩子们看完视频后，感慨首都博物馆很大、很壮观，都想去看一看。因此，我决定为孩子们进一步探究提供支持。

活动（五） 计划——准备出发

就这样，班级开展了一次走进首都博物馆的活动。孩子们共同制订了探秘计划和参观规则（表4-1-2）。其实，制订计划的过程就是在帮助幼儿整合有关首都博物馆的零散经验。

表4-1-2 幼儿讨论与制订计划表

幼儿讨论（零散、碎片式经验）	制订计划（整合经验）
首都博物馆里有很多陶艺作品 首都博物馆里有很多的古董 首都博物馆里有很多珍藏的宝贝 去首都博物馆需要带身份证 在首都博物馆里不能大声喧哗 我看到首都博物馆里有一层都是青花瓷的展览，很好看 我们去首都博物馆是坐地铁去的，很方便 首都博物馆一共有七层，特别大 首都博物馆有很多展厅 爸爸开车的时候路过首都博物馆，所以看见过 我在妈妈的手机上见过，里面有很多玉器 首都博物馆就在北京，特别大	地点：首都博物馆 交通方式：乘坐地铁（绿色出行） 参观展厅：瓷器艺术精品展厅 准备：身份证、门票 探秘规则： 1. 和爸爸、妈妈在一起 2. 不摸展柜和文物 3. 不大声喧哗 4. 提醒家人禁止吸烟 5. 垃圾不乱丢，扔进垃圾桶 6. 遇到危险听指挥 7. 手机全程静音

细心的爸爸、妈妈们还和孩子们制订了出行路线图。这样的一个探秘计划不是教师帮助孩子们制订的，而是孩子们迁移已有经验，整合零散经验的结果（图4-1-15、图4-1-16）。

图4-1-15　　　　　　　　　　　图4-1-16

活动（六） 出发——探秘首都博物馆

孩子们在参观首都博物馆时，发现里面作品的展出方式各不相同。这些不同的展出方式给孩子们带来了新的灵感。细心的小朋友还发现每件作品旁边都有一块小标牌，在灯光的照射下格外好看。还有的小朋友注意到博物馆里的作品都用玻璃罩保护着，每个展区都有一个最大的作品展。博物馆的每一层都有一个主题，并且每一件藏品都很特别（图4-1-17～图4-1-20）。

图4-1-17

图4-1-18

图4-1-19

图4-1-20

　　参观过后，孩子们从不同的角度对首都博物馆有了全新的认识，并用绘画的方式记录下自己的发现（图4-1-21～图4-1-24）。同时，我将活动线索及推进情况（表4-1-3）进行了梳理。

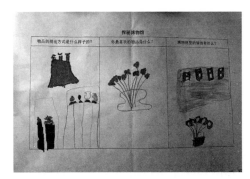

图4-1-21

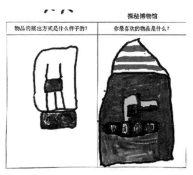

图4-1-22

幼儿园微主题活动案例精选

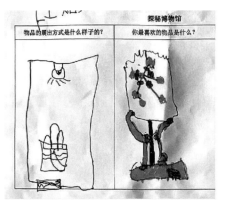

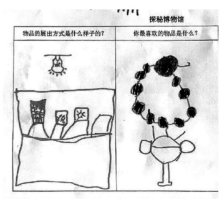

图 4-1-23　　　　　　　　　　　　　图 4-1-24

表 4-1-3　活动线索及推进情况表

幼儿看到的	关键经验	具体目标	集体	区域	小组	亲子
我发现每件作品旁都有一块小标牌	表征记录	愿意用语言表达、绘画的形式记录下自己的发现	√	√	√	
我看到首都博物馆里有个大地图，上面告诉我们展厅的位置						
我看到每件作品都有灯光照射	观察能力	1. 对博物馆的展品进行系统观察，了解几种有特点的展出形式 2. 能对展品进行比较并发现它们的异同	√		√	
展品有的大，有的小，还有的放在了中间						
我还看到有一个像微景观一样的展示区						
有的作品是平面的，有的作品是立体的						
我最喜欢的是青花瓷的展品区，青花瓷上面的花纹很好看	感受欣赏	通过欣赏青花瓷的色彩、形态、图案等，从多元的角度感受、欣赏作品之美	√	√		√
我发现藏品都用玻璃罩保护着，可能是不让大家随便乱摸	规则习惯	有一定的规则意识，能遵守参观博物馆的基本规则，爱护文物	√	√		√
博物馆里静悄悄的，没有人大声说话						
展厅里有禁止吸烟的标志						

教师思考

　　参观后，孩子们进行了分享。教师鼓励幼儿用绘画的方式对博物馆探秘获得的相关信息进行表征。同时，教师从孩子们的发现中收集信息，梳理出关键

146

内容，再帮助幼儿整合经验并形成新的经验。

活动（七） 行动——建造博物馆

第二天，孩子们来到幼儿园后院的教室里，也想在这里建造一个属于自己的博物馆。那么，我们要准备什么呢？孩子们通过前期的探秘和经验分享，纷纷说出了自己对建造博物馆的理解（图4-1-25～图4-1-27）。

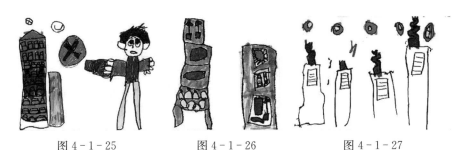

图4-1-25 图4-1-26 图4-1-27

教师思考

孩子们结合实地参观博物馆的认识与经验，总结出筹建博物馆的三个阶段：准备展品、创建展设和进行展宣。孩子们根据自己的兴趣和爱好，自主形成了创建博物馆的小组：设计组、制作组和宣传组。

1. 设计组——制作标牌，布置装饰

有了前期实践的经验，设计组的小朋友们逐渐有了自己的想法。他们再一次来到教室里，有模有样地规划着场地，准备制作作品标牌，布置场地。

糖糖：我看到博物馆里的作品都有名字和介绍，这是它们的标牌（图4-1-28）。

图4-1-28

桐桐：我们的作品也可以有个标牌。这样，我们就能知道这个作品是什么意思了。

鸣鸣：可是，我们不会写字，怎么办？

希希：我们可以画画呀！

孩子们用自己的方法在纸上画出了作品的介绍（图4-1-29～图4-1-34）。

图4-1-29

图4-1-30

图4-1-31

图4-1-32

图4-1-33

图4-1-34

教师思考

怎么做，才能让游客看懂小标牌呢？孩子们决定一起探究解决的办法。有了博物馆作品标牌的样式，孩子们在制作小标牌时，有了自己的想法和独特的表达方式，他们决定用笔画出标牌，介绍作品的同时，进一步表现作品创作意图，让每一个小标牌都展现了赋有个性的生命力。同时，也让教师看到了孩子们自主探究、持续探究的可能。

2. 制作组——哪些作品可以在博物馆展出

随着孩子们的兴趣不断增加，制作的作品也越来越多了。一天，小朋友们在博物馆里发现了一个"奇怪"的作品（图4-1-35）。

图4-1-35

子义：我觉得颜色好看的作品，就可以放进博物馆。

思允：还要有好看的花纹在上面。

鸣鸣：完整的作品可以放进博物馆里。

辰辰：有意思的作品才能放进博物馆里。

探秘中，孩子们对美的欣赏有了自己的理解，通过经验回顾，他们对什么样的作品能进博物馆有了自己的评价标准（表4-1-4）。而孩子们制订的标准又促使他们在接下来的创作过程中，更加耐心、细致，关注细节（图4-1-36～图4-1-41）。

表4-1-4 博物馆作品入选标准表

哪些作品可以放在博物馆展出				
作品入选标准	幼儿的想法	★★★	★★	★
颜色美	颜色好看的作品			
	作品可以是一种颜色，也可以是几种颜色			
造型美	作品不能有破损、裂纹，要完整的作品			
	有意思的作品才能放进博物馆里			
纹样美	还有好看的花纹在上面			
	还可以有好看的图案			

图 4 - 1 - 36

图 4 - 1 - 37

图 4 - 1 - 38

图 4 - 1 - 39

图 4 - 1 - 40

图 4 - 1 - 41

活动（八） 建造宛平博物馆

一次，小朋友们在博物馆里游戏，我听到了他们之间的对话。

清清：我和妈妈看到首都博物馆里有一层都是青花瓷的藏品，我很喜欢。

这句话引起了我的注意，让我找到了支持幼儿艺术创作的生长点。于是，我决定用问题推动孩子们继续游戏。

我：你们知道青花瓷代表什么吗？

元元：妈妈说青花瓷很美，因为只有中国才有，代表中国。

我：那我们的博物馆里可以用什么代表我们自己呢？

嘉妤：我觉得我们的博物馆里得有一个很特别的东西。

伊伊：那在我们生活的地方什么最特别呢？

小艾：我们这里有宛平城和卢沟桥，可以把宛平城和卢沟桥建在博物馆里。

孩子们对宛平城和卢沟桥了解多少呢？于是，爸爸、妈妈们陪伴孩子们一起走上了卢沟桥，重新探秘家乡的宛平城和卢沟桥（图4-1-42～图4-1-45）。

图4-1-42

图4-1-43

图4-1-44

图4-1-45

走进宛平城和卢沟桥，孩子们发现了很多秘密，憨态可掬的小狮子、宛平古城、壮观雄伟的卢沟桥……都成了小朋友们眼中最美的景物，这也激发了他

幼儿园微主题活动案例精选

们的创作灵感和欲望（图 4 - 1 - 46～图 4 - 1 - 51）。

图 4 - 1 - 46

图 4 - 1 - 47

图 4 - 1 - 48

图 4 - 1 - 49

图 4 - 1 - 50

图 4 - 1 - 51

教师思考

在孩子们眼中，一切事物都是那么纯真、可爱。他们通过社会实践活动，发现了卢沟桥和宛平城的美。在探秘的过程中，孩子们收获了艺术审美体验。接下来，他们结合已有经验，美化了博物馆，将家乡的艺术元素运用到了博物馆的建造中。小朋友们还给博物馆起名叫"宛平博物馆"。

1. 宣传组——制作门票

就这样，宛平博物馆越来越像模像样了。直到有一天，博物馆里来了很多"客人"（图4-1-52、图4-1-53）。

图4-1-52　　　　　　　　　　　　图4-1-53

2. 孩子们的发现（图4-1-54、图4-1-55）

安安：博物馆里的人太多了。

嘉妤：这么拥挤，小朋友很容易出危险。

烨烨：我记得博物馆里有讲解的阿姨，带着大家欣赏。

桐桐：门口还应该有检查门票的工作人员。

清清：我们可以制订进入博物馆（参观）的规则，提示大家。

宛平博物馆建成了。关于博物馆的游戏还在继续……

图4-1-54　　　　　　　　　　　　图4-1-55

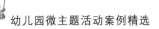

活动反思

纵观整个微主题活动开展的过程，我认为本次活动的亮点在于对幼儿兴趣和问题的捕捉。这次游戏来自孩子们自主交流中的兴趣点，我及时抓住了这个兴趣点，并引发了幼儿之间的交流与讨论。但是，在活动开展的过程中，我没有预设具体的游戏活动，而是观察孩子们的游戏。我看到孩子们的真游戏是在问题的推动下自主发现、探究的过程。而孩子们通过尝试、努力、挑战成功后获得的成就感，又让他们更加自信，激发了他们更多的游戏灵感。

博物馆的建造历时将近一个月的时间，在孩子们的齐心协力下，慢慢地发生着变化。从一开始的"迷茫摸索"到"目标清晰"。孩子们在实践中不断发现、探索、尝试，将个体经验融合为集体经验。从"散落的珍珠"到"穿成项链"。活动初期，孩子们的言语和行为反映出他们对博物馆的认知只有一些零散、碎片式的经验，教师的作用就是帮助他们对零散经验进行整合。从"小而精致"到"大而有气势"，孩子们在欣赏多种多样艺术形式的作品后，对美的理解也得到了升华。在接下来的艺术创作中，孩子们更加仔细、大胆，最后呈现出赋有童趣且具有生命力的作品。

建造宛平博物馆的活动是一个连续性的动态过程，充满着多种可能性和不可预知性。孩子们在游戏中的一句话、一个动作都能反映出他们的现有经验及对问题的思考。而我始终关注孩子们在游戏中出现的问题，评估幼儿原有经验和挑战新经验之间的距离，依据不同的情况，采取策略，全力支持幼儿游戏，让幼儿踮起脚尖，就能够到"最近发展区"的"果实"，从而促进幼儿游戏水平的提升。

微主题活动二　《送你一朵小红花》（中班）

教师：孙　雨

活动背景

扫码看彩图 4-2-1

在一个阳光明媚的上午，孩子们在小花园里自由地嬉戏。这时，传来一阵稚嫩的歌声，我悄悄地走过去，生怕打扰这位"音乐家"。我还"偷听"到"音乐家"们的"学术"讨论，真的很精彩，并且知道了这首歌曲的名字叫"送你一朵小红花"。

睿睿：你在唱什么？我好像也听过。

轩轩：我在爸爸的车上听过，爸爸告诉我叫"送你一朵小红花"。

几个小朋友围了过来，不停地交流和追问着。

乐乐：我也听过，我在妈妈的手机上听过。

语嫣：我也会唱，你听听，和你唱得一样吗？

明明：小红花是什么？

方方：小红花就是奖励。

小美：不对，不对，就是一朵红色的花。

当听到"音乐家"们讨论得越来越激烈，我坐在旁边，小声地询问："要不，咱们一起听听？"显然，孩子们对于"歌词"内容与含义有着更多的疑问，也同样更加感兴趣。兴趣和疑问是幼儿主动学习的有效动机。因此，关于这首歌曲的探秘之旅就开始了。

附歌词：

送你一朵小红花

送你一朵小红花	送你一朵小红花
开在你昨天新长的枝桠	遮住你今天新添的伤疤
奖励你有勇气	奖励你在下雨天
主动来和我说话	还愿意送我回家
不共戴天的冰水啊	科罗拉多的风雪啊
义无反顾的烈酒啊	喜马拉雅的骤雨啊
多么苦难的日子里	只要你相信我
你都已战胜了它	闭上眼就能到达

幼儿兴趣生发后教师思考

《送你一朵小红花》当中的每一段歌词都代表着一个故事，每一个认真生活的人都值得奖励一朵小红花，尤其是当我们遇到困难时，要学会积极面对，勇敢坚持。同时，"小红花"也代表了一种可以传递的温暖力量。在班级幼儿的一日生活中，我们发现中班幼儿能够认识、体验并理解基本的社会行为规则，学会自律和尊重他人，但是在努力解决问题、不轻易放弃、克服困难等方面仍需要培养。因此，我们以幼儿感兴趣的歌曲《送你一朵小红花》为教育契机，鼓励幼儿通过亲身体验、动手操作、直接感知来培养"坚持"这一良好的学习品质。在前期的活动中，我们抓住幼儿的兴趣点，记录幼儿交流的话题，再次聚焦到培养"坚持"的学习品质上，使幼儿逐渐懂得要努力克服困难、想办法解决问题。

活动目标

1. 能运用语言交流、绘画、表演等多种方式，表达自己对歌曲《送你一朵小红花》的理解。

2. 学习用适宜的方式对感兴趣的歌词内容展开调查，提出值得探究的问题。

3. 能在情景体验中通过多方面的努力解决问题，不轻言放弃，敢于尝试克服困难。

4. 能学习登山队员的优秀品质。

5. 在深入学习歌曲《送你一朵小红花》的过程中，培养坚持不懈、不畏困难、知难而上的意志品质。

活动过程

活动（一）　欣赏歌曲《送你一朵小红花》

我们在小花园里倾听了歌曲《送你一朵小红花》，孩子们提出了很多的疑问。回班后，幼儿将自己的问题和困惑画了下来，并思考如何解决这些问题（图4-2-1～图4-2-4）。

小紫："喜马拉雅"是什么？

小鱼：什么是"枝桠"？

洋洋："小红花"到底是什么？

教师思考

我们通过交流、绘画、汇总问题，视角共同聚焦在歌词上。这些歌词中的词语对于幼儿来说，太过抽象，很难理解。作为教师，要紧紧跟随幼儿的脚步，为幼儿提供充足的探索材料，给予幼儿自我感受、自主表现的机会并创造相应的条件。同时，抓住幼儿的每一个兴趣点，通过设置问题情境的方式促进幼儿对歌曲《送你一朵小红花》的深入探究与学习。

图 4-2-1

图 4-2-2

图 4-2-3   图 4-2-4

活动（二）   歌词探秘——"枝桠"

幼儿对于"枝桠"一词有着各种各样的疑问与猜想。于是，教师鼓励幼儿尝试自主表达。

明明：就是一种植物。

小景：是新长出来的叶子。

夕夕：枝桠就是树枝。

我们基于孩子们的猜想，支持他们到户外去寻找，让他们给草丛里、大树下找到的"枝桠"拍照，带回班里分享。歌词中写到了"新长出的枝桠"，也就是新长出来的树枝。"它代表什么意思呢?"孩子们纷纷说出了自己的理解和想法。

佳佳：代表新的生命。

方方：向上。

芒果：希望。

教师思考

自然如同一个巨大的宝库，它们会留下独特的语言。我们鼓励幼儿到大自然中寻找答案。这些小小的探索家们借助相机将自己的发现拍摄下来（图4-2-5～图4-2-8），用绘画的方式表征出来并分享（图4-2-9～图4-2-12）。孩子们体会到歌曲最开始传递的意思就是梦想与希望。我们要带着自己的梦想，去迎接挑战。歌词传递了一种积极向上的情绪与情感。接下来，孩子们开启了歌词探秘之旅。

图 4 - 2 - 5

图 4 - 2 - 6

图 4 - 2 - 7

图 4 - 2 - 8

图 4 - 2 - 9

图 4 - 2 - 10

图 4 - 2 - 11

图 4 - 2 - 12

活动（三）　歌词探秘——"喜马拉雅"

幼儿对歌词中的"喜马拉雅"也产生了兴趣与疑问。随后，大家共同收集资料，知道了喜马拉雅山脉的主峰是世界最高峰珠穆朗玛峰，它海拔高达8 848.43米（据最新测定数据表明，珠穆朗玛峰现在的高度是8 848.86米）。这时，一个小朋友说："我还知道有很多人去爬珠穆朗玛峰。"另一个小朋友提出了疑问："珠穆朗玛峰那么高，还那么危险，为什么还有人去爬？"

白白：想去看风景！山顶可能有宝藏。

小语：山顶有各种各样的小动物，人们去拍照。

乐乐：想去山顶玩雪。

嘉嘉：爬到山顶去拍照。

随着孩子们的猜想越来越多，我们和幼儿了解了攀登珠穆朗玛峰背后的故事。同时，孩子们还想知道8 848.43米到底有多高。于是，我们来到操场上，以亲身体验的方式进行感受（图4-2-13），用卷尺测量出操场的长度是25.1米（图4-2-14）。孩子们纷纷发出感叹"8 848.43米好高呀"，并用绘画的方式表征了自己的感受（图4-2-15、图4-2-16）。

图4-2-13

图4-2-14

语嫣：中国人登上珠穆朗玛峰了吗？

雨菡：登上了，我看了电影《攀登者》。

孩子们讨论得越来越激烈，并共同观看了《攀登者》的电影（图4-2-17、图4-2-18）。在看完电影之后，孩子们再次进行交流。

瑶瑶：我有点儿害怕，风雪好大。

涵涵：他们太厉害了，克服了很多的困难。

依依：我们要向登山队员学习。

蜜蜜：我不爱吃蔬菜，但是可以挑战一下。

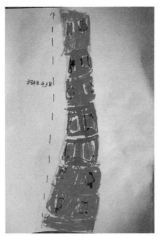

图 4 - 2 - 15   图 4 - 2 - 16

图 4 - 2 - 17   图 4 - 2 - 18

孩子们感受到登山队员们坚强、敢于迎接挑战、积极向上的精神，并提出自己也愿意接受挑战。在生活中，我们也发现幼儿有了很多的变化，比如，他们愿意挑战更难一点儿的游戏、站队和做操更有精神了、愿意自己去解决问题等。很快，孩子们开始自主交流，还画出了自己以前不敢做而现在愿意去挑战的事情（图 4 - 2 - 19）。

小卷：以前，我觉得篮球课太累了。现在，我想坚持下去（图 4 - 2 - 20）。

乐乐：以前，我不敢玩单杠。现在，我愿意尝试一下（图 4 - 2 - 21）。

轩轩：以前，我不敢挑战主持人。现在，我愿意尝试一下（图 4 - 2 - 22）。

教师思考

孩子们通过本次递进式的学习，感受到登山队员们不惧困难、勇往直前的精神。迁移到生活中，他们认为做事情不应该轻易放弃，要努力克服困难与解决问题。班里有位小朋友分享了一位"截肢勇士"攀登珠穆朗玛峰的消息，孩子们听后感到震惊，普通人攀登珠穆朗玛峰都很不容易，残疾人竟然能克服生理缺陷，挑战自我与极限，精神与勇气可嘉。通过这件事，孩子们也越来越关注残疾人的生活。

图 4 - 2 - 19

图 4 - 2 - 20

图 4 - 2 - 21

图 4 - 2 - 22

活动（四） 角色体验

残疾人到底是怎样生活的？我们一起来进行角色体验吧！在角色体验结束后，孩子们纷纷说出了自己的感受与想法。

景瑞：把眼睛蒙起来时，我都不知道饭在哪里、菜在哪里（图 4 - 2 - 23）。

苏苏：一只手背后，（只用另一只手）做事情太慢了！

图 4 - 2 - 23

通过亲身体验，孩子们理解了残疾人的不容易与辛苦。随后，我们又一起观看了残疾人运动会，感受到运动员们顽强拼搏、敢于迎接挑战的精神。同时，有的孩子提出了疑问"为什么残疾人能做到这些事情"并引发了讨论。

小美：他们一直在练习。

洋洋：坚持做一件事情。

方方：残疾人不怕困难。

教师思考

孩子们通过角色体验的方式感受到残疾人坚持做事情与敢于迎接挑战的精神，同时，也联想到自己如何做到坚持，那是一种什么感受，通过自己的坚持会收获些什么。基于以上孩子们的思考，我们开启了关于坚持到底的游戏内容。

活动（五）　坚持到底

我们引导幼儿为自己设计不同的动作，看一看小朋友们做同一个动作能坚持多长时间。在设计动作的过程中，有的小朋友为自己设计了马步、单脚站立、双手打开等动作，也预估了自己能坚持的时长。随着动作设计的完成，小朋友们纷纷进行尝试并计时（图 4 - 2 - 24、图 4 - 2 - 25）。孩子们的表现千姿百态，坚持到最后的小朋友得到了教师奖给他的一朵小红花。我向孩子们提出了疑问："为什么坚持到最后的小朋友会得到一朵小红花呢?"

明明：因为他战胜了自己。

小景：因为他最能坚持。

小卷：特别有力量。

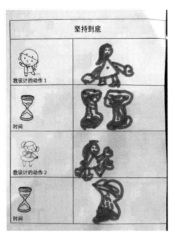

图 4 - 2 - 24 图 4 - 2 - 25

通过第一个挑战游戏，幼儿感受到自己的力量。于是，我们鼓励幼儿从个人挑战游戏拓展到小组挑战游戏。小朋友们特别兴奋，纷纷表示愿意迎接挑战。教师启发同一小组的幼儿一起站在一个呼啦圈里，抱在一起，在规定的时间内不准出圈。随着游戏的开始，时间一分一秒地过去了，小组内的几个小朋友拥抱在一起，坚持不动，他们相互支持、鼓励、合作，终于完成了挑战。一分钟的时间结束后，几个小朋友进行了交流。

轩轩：我们太厉害了！

小紫：原来我们这么有力量。

睿睿：我们还可以挑战更长的时间。

教师思考

幼儿从个人坚持的游戏挑战转化到集体坚持的游戏挑战，通过大家相互支持、鼓励与合作，每个人不再惧怕挫折与失败，都体验到了自我的力量和集体的力量（图 4 - 2 - 26、图 4 - 2 - 27）。

图 4 - 2 - 26 图 4 - 2 - 27

活动反思

《送你一朵小红花》是由幼儿自主交流引发的社会性教育活动。整个微主题活动中，幼儿开展了五个连续的小活动（歌曲欣赏——探秘"枝桠"——探秘"喜马拉雅"——角色体验——坚持到底），终于感受到坚持的力量。幼儿通过倾听、观察、交流、体验、总结，知道了在行动过程中要学会克服困难，找到解决困难的方法，做事情要有始有终、坚持到底。

孩子们在深入学习歌曲词语的过程中，遇到问题、产生疑惑时，教师不是简单的回复、直接告知答案，而是鼓励幼儿自主表达、大胆猜想，尝试运用自己的方法去寻找答案，再分享答案，从而提升自身的经验与探究能力，延伸出接下来的活动内容。教师应结合幼儿的"最近发展区"，给出科学、合理的评价，积极鼓励幼儿，及时表扬虽然不擅长但是坚持完成挑战任务的幼儿。

整个活动中，幼儿运用"语言交流、绘画、拍照"等多种方式记录自己的感受与发现。教师应充分尊重和保护幼儿的好奇心和学习兴趣，帮助幼儿逐步养成积极主动、认真专注、不怕困难、敢于探究和尝试、乐于想象和创造等良好的学习品质。

微主题活动三 致敬军装（大班）

教师：张红艳

扫码看彩图 4-3-1

活动背景

最近，班里正热火朝天地开展着"寻找老物件"的活动。孩子们从家里带来了很多老物件。琪琪在翻看老相册的时候，发现了一张与众不同的照片，把它挑选出来并带到了班里。这引发了孩子们的兴趣和好奇心。因此，我们开展了本次微主题活动。

幼儿兴趣生发后教师思考

孩子们看到这样一张黑白且有着很多人的大合照，百思不得其解，产生了许多疑问。因此，本次活动是以一张老照片为契机开展的微主题活动。

活动目标

1. 通过对照片的观察与思考，提升发现问题、探究问题、解决问题的能力。

2. 感受解放军的英勇与自豪，能迁移他们不怕苦、不怕累的精神，认真对待自己的学习和生活。

3. 探索并发现军装的多样性及其他特征。

4. 通过查阅资料，了解军装的重要组成部分有哪些。

5. 萌生热爱军人的情感和爱国情怀。

活动过程

我们班里开展了有关老物件的主题活动。孩子们从家里带来了很多老物件。琪琪在翻看老相册时，挑选出来一张与众不同的黑白合照（图 4 - 3 - 1），并把它带到了班里。

图 4 - 3 - 1

对于这样一张黑白且有着很多人的大合照，孩子们百思不得其解，提出了很多问题。

珺珺：这张照片怎么这样啊？

航航：（照片里的人）都穿着一样的衣服。

桥桥：不对，颜色不一样，有黑色的，有白色的。

沐恩：他们的帽子好像也不一样。

菲菲：他们有的戴着帽子，有的没有戴帽子。

听到他们的讨论，孩子们纷纷回应："这照片，我们家也有。"

活动（一）　收集老照片

图 4 - 3 - 2

图 4 - 3 - 3

图 4 - 3 - 4

图 4 - 3 - 5

图 4 - 3 - 6

图 4 - 3 - 7

图 4-3-8   图 4-3-9

于是，孩子们从家里收集来许多的黑白老照片（图 4-3-2～图 4-3-9）。
通过对比，他们并没有找到和这张老照片的相同之处。于是，他们决定从衣服
入手试试看。

孩子们通过寻找，找到了一些相同的物品。

远远：我有和他一样的衣服，你看，我的领子（和他的）是一样的（图
4-3-10）。

蜜蜜：在家里，我看到爸爸的腰带和照片里的是一样的（图 4-3-11）。

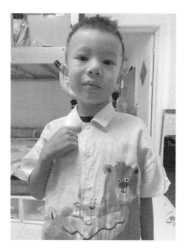 

图 4-3-10   图 4-3-11

孩子们翻箱倒柜，找出了自己和家人的衣服，哇！终于……发现了爷爷的
老军装（图 4-3-12）！

图 4 - 3 - 12

对于孩子们来说，这件衣服并没有那么简单……看到了老军装，孩子们纷纷回忆着自己在哪里见过军装（参看视频 4 - 3 - 1）。

教师思考

其实我们都知道，军装是军人的着装，体现着军人的荣誉和尊严。孩子们对于照片中的军装有着浓厚的兴趣，扫码看视频 4 - 3 - 1 而军装又会带给孩子们怎样的探究方向和可能呢？于是，我们追随孩子们的脚步，一起去探索！

活动（二）　共同查阅资料

孩子们查阅了有关军装的资料（图 4 - 3 - 13～图 4 - 3 - 16），提出了疑问："为什么我们看到的军装和鸣鸣找到的不一样呢？"

图 4 - 3 - 13

图 4 - 3 - 14

图 4 - 3 - 15

图 4 - 3 - 16

在孩子们查阅资料的同时，他们对军装也有了初步的认识，知道了军装的重要组成部分。

歪歪：我发现他们帽子上的标志，原来是一个帽徽，它是军人的标志（图 4 - 3 - 17）。

泽宇：他们的肩膀上都有肩章，可是里面的图案不一样，原来是区分军衔用的（图 4 - 3 - 18）。

远远：他们胸前的徽章叫作"胸章"，能区分这个军人是哪个部队的（图 4 - 3 - 19）。

图 4 - 3 - 17

图 4 - 3 - 18

图 4-3-19

扫码看视频 4-3-2

教师思考

其实，在探究军装的过程中，不仅孩子们，就连我们这些年轻的老师都了解了很多关于军装的知识。军装上的一个小小标志给孩子们带来了创作的灵感，那么在他们眼中，军装给他们的感受又是什么呢？我们一起来听一听孩子们是怎么说的（参看视频 4-3-2）。

活动（三） 对军装的情感

教师思考

每个孩子心中都有一个军人梦！军人叔叔那一身迷人的军装，让人无限向往；他们那英姿飒爽的美和铮铮铁骨的豪气，让人心生敬佩；他们奋勇杀敌、保家卫国的精神，让人热血沸腾！

在班里，孩子们也穿上了军装（图 4-3-20～图 4-3-23），从他们的表情与神态中可以看出内心的喜悦。

图 4-3-20

图 4-3-21

图4-3-22 　　　　　　　　图4-3-23

军装代表着国家的形象与军队的着装制度。穿着军装的人更是肩负着沉甸甸的、保家卫国的使命。孩子们通过绘画的方式诠释着自己对军装的理解和感情。

远远：我要穿上军装，带上枪，去战斗（图4-3-24）。

桥桥：我穿上军装。在草地里，我受伤了，但我还在战斗（图4-3-25）。

园园：天空下着大雨，我与战友们去营救小动物（图4-3-26）。

航航：我要穿上军装，带上枪，守护国旗（图4-3-27）。

泽宇：穿上军装，站在高处，保护大家（图4-3-28）。

轩轩：穿上军装，在海上举着国旗，告诉别人"我是中国人"（图4-3-29）。

图4-3-24 　　　　　　　　图4-3-25

图 4 - 3 - 26

图 4 - 3 - 27

图 4 - 3 - 28

图 4 - 3 - 29

教师思考

　　孩子们在不断的探索中对军装有了进一步的认识，也对穿军装的人心生敬畏。他们迫不及待地想要了解穿上军装的那些军人，他们的生活是怎样的？

活动（四） 军人梦

训练是军人必不可少的项目。孩子们通过观看军人训练视频（图4-3-30），看到了中国军人遵守着铁的纪律，有着一切行动听指挥的整齐，他们感受到了中国军人的坚持、不怕辛苦、永不言弃、勇往直前、从不退缩的精神。于是，他们画出了自己的感受与想法。

图4-3-30

泽馨：我看到他们在训练的时候，眼泪都流下来了，也不眨眼，还在努力地坚持（图4-3-31）。

沐恩：一位军人叔叔抬着腿，一动不动，他的身体都已经发抖了，可是还在努力坚持（图4-3-32）。

宇轩：我看到一位女警，在训练时，头发都挤出水来了，可她还是一动也不动（图4-3-33）。

方方：一位军人叔叔在大雨中救人，他紧紧地抱着那个陌生人，都快没力气了，也没有放弃（图4-3-34）。

图4-3-31   图4-3-32

图 4 - 3 - 33

图 4 - 3 - 34

教师思考

在孩子们的心中，英姿飒爽的解放军是勇敢、正义的化身。当一天小小兵是孩子们心中急切的愿望。在烈日炎炎的户外活动时间，小小兵们就开始了他们的军事训练体验活动（图 4 - 3 - 35～图 4 - 3 - 38）。

图 4 - 3 - 35

图 4 - 3 - 36

图 4 - 3 - 37

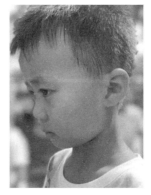

图 4 - 3 - 38

　　孩子们用绘画的形式记录了五天的"我是小小兵"活动，将自己的感受与体验画在了《小小兵日记》里（图4-3-39～图4-3-42）。从画面中，我们看到了孩子们坚持不懈与不服输的精神。

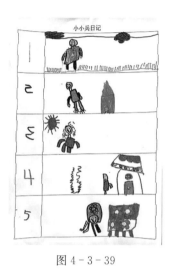

图4-3-39

图4-3-40

图4-3-41

图4-3-42

教师思考

　　在小小兵训练的过程中，孩子们的汗水流过脸颊，可是他们依然坚持着，俨然一副小军人的模样，强大的意志力战胜了辛苦的训练项目。中国军人服从命令听指挥的严明军纪也感染着大一班的每一个小朋友，一颗保卫祖国的小种子早已在他们心底悄悄地生根、发芽。

活动反思

我们从一次偶然事件出发，开展了相关的微主题活动。在活动中，孩子们通过这种自我寻找、自我学习、自我体验的方式，感受到了军人的力量和精神。作为教育工作者的我，也有一些感悟：我们是孩子们的启蒙老师，要在孩子心底种下一颗红色的种子，让他们通过这些儿时的记忆去奠定一生，以积极、向上的精神和正能量的状态去学习和生活，创造快乐，实现人生价值。少年强，则国强！孩子们就像是初升的太阳，充满了希望。

微主题活动四　一张老照片　浓浓家乡情（大班）

教师：李晓芳

活动背景

扫码看彩图 4-4-1

佳佳小朋友带来了一张老照片，孩子们对这张照片中的卢沟桥产生了浓厚的兴趣："古老的卢沟桥为什么没有颜色？石狮子嘴里叼着一个小球，它在干什么？我们还能找到这只石狮子吗？我想去卢沟桥上看看。"古桥深深地吸引着孩子们，燃起了他们的探索欲望。

孩子们的兴趣也促使我再次登上卢沟桥，缓缓地漫步在桥上，映入眼帘的是桥栏杆上两排千姿百态的石狮子。我忍不住用手摸了摸，只觉得一股暖流从手心直抵全身。那一刻，我突然感受到，这就是家乡的温度。孩子们对于家乡又会有怎样的认知呢？让我们一起走进一张老照片，探寻浓浓家乡情的故事（图4-4-1、图4-4-2）。

图 4-4-1　　　　　　　图 4-4-2

幼儿兴趣生发后教师思考

家乡的风景、文化、人文历史、家乡的种种变化不断地成为孩子们热议的话题，让我们跟随他们的脚步，去了解他们生活中可见、可闻、可知的宛平城与卢沟桥，培养幼儿对家乡的认同感，引导他们进一步了解、热爱自己的家乡。

活动目标

1. 通过查阅资料、实地探访等方式认识宛平城，并与同伴分享自己对宛平城的印象。

2. 体验、萌发热爱家乡的美好情感，为家乡感到自豪和骄傲。

3. 运用多种方式探寻家乡的历史，展望家乡的未来，感悟家乡的发展与变化，体验现代科技带给家乡的美好。

4. 通过多种感官了解宛平城与卢沟桥，获取关于家乡名胜古迹、自然资源的新知识、新经验。

活动过程

活动（一）　初遇宛平：我的宛平探秘计划

我从孩子们的一次谈话中听到……

佳佳：爸爸说他小时候的卢沟桥没有现在这么美，那时候的卢沟桥是破烂不堪的。

迦美：为什么呢？

天骥：有很多石狮子都受了伤。

阳阳：为什么会受伤呢？这里发生了什么？我好想知道。

我们的宛平城是个有故事的地方，这燃起了孩子们的探索欲望，准备开启一场全新的探秘之旅。他们共同制订了探秘计划。

幼儿通过查阅资料、实地探访等方式走进宛平城，描绘着自己眼中的家乡。

幼儿之间互相分享着《探秘宛平城》的海报（图4-4-3、图4-4-4）。

1. 奇

探秘孩子眼中的卢沟桥——卢沟桥是中国现存古老的石造联拱桥，它有11个桥孔。卢沟桥两侧桥栏杆上的石狮子是"活"的，每一个石狮子动作、表情、神态都不一样，它们有的仰望星空，好像在回忆卢沟桥发生的故事，有的低着头，好像在听河水流淌的声音。

2. 新

卢沟桥有驻扎的军营，地处进京要道，这里也是"七七事变"的发生地。

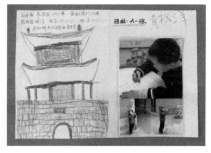

图 4 - 4 - 3 　　　　　　　　　　　图 4 - 4 - 4

3. 变

古老的卢沟桥破败不堪。现在的卢沟桥经过重新修缮，景色很美。

小朋友们还和爸爸、妈妈一起拍摄了探秘宛平城的视
频《我眼中的家》（参看视频 4 - 4 - 1）。他们借助社会实践
活动，用自己独特的视角记录了宛平城的人、事、物，将
家乡的美、宛平城的历史融入自己的探秘分享活动。这次　　扫码看视频 4 - 4 - 1
探秘活动拓宽了教育价值、延展了分享途径、发挥了幼儿的自主性，有效地将
爱国主义教育融入孩子们的成长过程中。

教师思考

初遇宛平，孩子们通过直观体验感知了家乡的环境、历史、文化，用自己
独特的视角认识了宛平城，在心底种下了一颗爱家乡的种子。

　　　　活动（二）　遇见宛平：二十年后的宛平城

在整个探秘宛平城的活动中，幼儿对宛平城进行了客观评价，能够用审辩
式思维对宛平城进行了解，让我们一起听一听幼儿的讨论——《二十年后的宛
平城课前讨论》（参看视频 4 - 4 - 2）。

幼儿的讨论也把我带到了那条拥挤的街道、没地方停车的宛平城，人们乱
扔垃圾、不爱护环境，让这座宛平城看上去破破烂烂的。这些成人都难以解决
的问题，一群六岁的孩子们会有哪些解决的办法呢？未来的宛平城会是什么样
子呢？孩子们天马行空地畅想着二十年后的宛平城（参看视频 4 - 4 - 3）。

扫码看视频 4 - 4 - 2 　　　　　扫码看视频 4 - 4 - 3

教师思考

幼儿的想法天马行空，对二十年后的宛平城充满了期待。他们在与环境、社会的互动中，积累了对宛平城的感性认知经验，通过讨论、畅想二十年后的宛平城，我们看到六岁的小公民饱含深情地去爱、去保护、去发展他们的宛平家园。小朋友们跃跃欲试，行动起来了……生成了一系列的区域游戏。

活动（三） 未来的宛平城——小主人在行动

1. 小主人在行动——护狮小使者

孩子们通过观察、讨论、创意，运用泥工经验来捏石狮子，尝试用雕刻来创意石狮子（图4-4-5、图4-4-6）。孩子们说："以后卢沟桥的狮子坏了，我们可以去帮忙了。""我要做文物保护小使者。"

图4-4-5　　　　　　　　　　　　　图4-4-6

2. 小主人在行动——宛平城全景模型

孩子们经历了外漏桥通过平衡实验升级为彩虹桥的过程，通过探究什么是对称和拱形桥的结构，他们在室内初步成功搭建了卢沟桥（图4-4-7、图4-4-8）。有了搭建拱形桥的成功经验，他们想把宛平城的搭建搬到户外。很快，他们就遇到了新的问题，搭建材料怎么运到户外？玩具筐、拖鞋袋、被褥袋、整理箱……这些都成了孩子们搬运材料的工具。他们经过两天的"蚂蚁搬家行动"，终于将所有的游戏材料从室内搬到了室外，开启了宛平城全景模型的建构。

幼儿从计划、探索、尝试、创作，到不断优化、调整搭建材料。

教师全力支持幼儿多维度探索，帮助幼儿体验成功。

幼儿发现问题后，共同讨论，反复尝试（图4-4-9），最终克服困难，体验成功，在户外的操场上搭建了宛平城全景模型（图4-4-10），感受着古人的智慧，唤起大家对家乡的爱，让爱的种子在心底生根、发芽、生长。

图4-4-7

图4-4-8

图4-4-9

图4-4-10

3. 小主人在行动——立体斜坡停车场

由于宛平城街道较为狭窄，许多车辆没有地方停放，就挤占街道两侧进行停放，这也导致了道路交通的拥堵。为了解决这个难题，孩子们设计了立体斜坡停车场。在整个"立体斜坡停车场"的自主探究活动中，孩子们发现三角形斜坡可以停放更多的车，但是三角形斜坡会让车子下滑，怎样制作阻车器呢？孩子们探索着使用不同的方法阻止小汽车下滑。他们主动思考并解决游戏中的问题（图4-4-11、图4-4-12）。教师认真观察幼儿兴趣，理解孩子们想法的同时，为他们灵活搭建支架，帮助他们深度学习，获得多维度发展。

在搭建好立体斜坡停车场后，孩子们又遇到了新的问题：停车场这么高，小汽车怎样才能安全地抵达地面呢（参看视频4-4-4）？

图 4-4-11

图 4-4-12

天骥：咱们可以给停车场装一个"电梯"。

悦博：要是小汽车会飞就好了。

彦辰：要不，咱们做一些降落伞，让车安全地降落到地面上？

扫码看视频 4-4-4

和和：我觉得咱们可以给立体斜坡停车场建造一个自动缓降的坡道，让小汽车安全地到达地面。

4. 小主人在行动——永定河水系浇灌

一天，一则新闻"断流近四十年，北京最大的河流永定河即将全线通水"登上了"班级热搜"。孩子们议论着："永定河为什么会断流？水到哪里去了？一条河怎么能通水？我们能挖一条永定河吗？"

孩子们绘制了一份"挖河"计划（图 4-4-13）。

（1）初挖河道——趣挖永定河（图 4-4-14）。

铭铭：这里有个小坑，咱们从这儿开始挖。

梵梵：咱们的永定河通向哪里呢？

图 4-4-13

图 4-4-14

铭铭：怎样才能挖出一条永定河？

俟俟：永定河到底什么样呢？

教师思考

挖河游戏是幼儿自发的。当微主题活动内容确立后，教师应该利用各种形式和手段丰富幼儿的相关经验。

我们通过集体分享环节，和孩子们一起细致地观察了永定河平面图。

铭铭：永定河像一条长蛇。

梵梵：永定河有些地方宽宽的，像大海，有些地方窄窄的，像狮子的尾巴。

熙熙：永定河有些地方就像咱们班图书区里人的大肠。

教师思考

孩子们的游戏总是在有趣且有生活经验的情节上展开的。他们在游戏中遇到的问题，需要迁移已有经验去解决（图4-4-15、图4-4-16）。

图4-4-15

图4-4-16

问题一：为什么挖不动？

铭铭：这里怎么这么硬？挖不动啊！

梵梵：挖不动可以绕开一点儿，那里可能有一块大石头。

俊俊：用力一点儿，咱们把石头挖出来。

熙熙：我们加点儿水试一试。土软了，就能挖动了。

教师思考

孩子们在挖河道的过程中，通过发现问题、小组讨论，最终自主解决了问题。

孩子们很快就挖好了一条"永定河"。他们迫不及待地把水倒进河道里，很快就发现了水流停止的问题，这是为什么呢（图4-4-17、图4-4-18）？

图4-4-17

图4-4-18

问题二：水为什么停住了？

梵梵：沙土会吸水，所以水不见了。

熙熙：是河道挖得不够深，水才停住了。

涵涵：水是从高处流下来的，咱们继续挖，一挖到底。

教师思考

大班幼儿喜欢合作开展游戏，可以有目的、有计划地开展一些创造性游戏。孩子们明白水是从高处往低处流的，游戏时却忽略了这一点。

游戏后，教师支持幼儿对游戏中遇到的问题及解决方法进行表征，帮助幼儿梳理游戏经验，建构思维逻辑，支持幼儿自主探究，获得初步的探究能力（图4-4-19～图4-4-21）。

图4-4-19

图4-4-20

图 4 - 4 - 21

问题三：水怎么没有了？

昨天，刚刚注好水的"永定河"，今天早上一来，河水就不见了。孩子们像炸了锅一样，讨论着解决的办法："可以用石头堵。""可以把塑料布铺在下面，防水。""可以在空中建永定河。"

教师思考

孩子们开始关注材料的适宜性，注意到河道渗水的问题，能够自主、持续地探究并解决问题。幼儿能够迁移已有的生活经验和科学经验解决遇到的问题（参看视频 4 - 4 - 5）。

（2）引发新游戏——永定河上的石孔桥。

问题一：怎么把石头叠高？

涵涵：石头滑滑的，摆好了也会倒塌。

梵梵：石头真是个淘气包。

俊俊：石头叠高太难了！

涵涵：可以挑一些平平的石头，这样比较容易成功。

熙熙：慢慢试，别着急。保持平衡，石头就能站稳了。

扫码看视频 4 - 4 - 5

教师思考

石头材料叠高后，稳定性差，很容易倒塌。如何引导幼儿探索接触面与稳定性之间的平衡关系？幼儿在一次次失败的过程中，获得了石头叠高的经验。只有多次尝试，才能找到石头平衡的那个点，让石头平稳地叠高（图 4 - 4 - 22、图 4 - 4 - 23）。

问题二：石墩怎样才能一样高？

梵梵：石头不平，桥面总是歪的。

涵涵：石头滑滑的，摆好了，也会倒塌。

熙熙：石头（堆得）不是一样高。

图4-4-22　　　　　　　　　图4-4-23

教师思考

　　每当孩子们遇到新问题时，也正是他们深入探索、尝试挑战的精彩时刻，不容错过。我们支持孩子们积极寻找材料，自主探索。通过实践，孩子们总结了很多好办法。教师支持幼儿自主探究、多维度探索解决问题的方法。幼儿通过调整石块的大小、改变石块的叠放方向、用泥巴粘合并调整石墩的高度、保持石墩的稳定性等，让石墩保持等高（图4-4-24、图4-4-25）。

图4-4-24　　　　　　　　　图4-4-25

问题三：石头桥孔怎么做？

熙熙：石头这么沉，怎样才能将它们连在一起呢？

梵梵：美工区有很多材料，咱们找找看。

熙熙：对，咱们找一些胶，把石头粘在一起。

涵涵：上次，我的发卡坏了，李老师帮我粘好的。

梵梵：走，咱们去美工区取材料。

教师思考

幼儿思考解决问题的方法时越来越关注细节，操作能力也越来越强。他们发现：泥巴粘石头会断裂；蓝丁胶粘度太小，粘不住石头；白乳胶也不行；手工胶粘度大，可以将石头粘在一起。幼儿通过不断地尝试，最终找到了解决问题的好办法（图4-4-26～图4-4-29）。

图4-4-26

图4-4-27

图4-4-28

图4-4-29

幼儿在游戏中不断地收集材料、聚焦细节、分析并解决游戏中遇到的种种问题，获得了多元的发展，也收获了自己对家乡的了解，在丰富多彩的生成性活动中学会了爱，爱自己、爱周围的人和事物、爱家乡、爱祖国。最后，孩子们将自己对宛平城的创想作品寄给了宛平街道办事处主任黄欣，并在期盼中收到了黄主任的回信，这大大加强了孩子们对建设自己家乡的自信心（图4-4-30）。

大一班的小朋友们：

　　你们好，收到你们的来信，我心中感到非常的欣慰，也很感动！

因为在你们幼小的心田里，装着一颗爱家乡的种子，并且这颗种子

正在生根、发芽……

　　希望你们能够好好学习，健康成长；相信未来有你们，我们

的宛平家园会更美好！

黄　欣

2023年5月

图4-4-30

活动反思

1. 幼儿维度

（1）幼儿通过多维度自主探究了解了宛平城的历史、文化，畅想宛平城的未来，整个活动过程都是以幼儿为中心的主动探究式学习。

（2）教师由浅入深地支持幼儿游戏。幼儿整合自己已有的多学科认知经验，实现跨领域的自主学习。

（3）幼儿专注、坚持、善于反思，有良好的学习品质。

（4）家园合作创意开展活动，幼儿在家长的陪伴下，走进卢沟桥和宛平古城现场，进行实地考察，运用多种感官感受宛平城的美，将爱家乡的种子埋在心底。

2. 教师维度

（1）教师在活动前、活动中能发现幼儿的兴趣，随时关注幼儿的兴趣，跟随幼儿的兴趣。

（2）教师能判断幼儿感兴趣的事物中潜在的教育价值和教育契机。

（3）教师能把握活动中的难点，将其分解成适合幼儿年龄特点的趣味性活动。

（4）教师要在活动过程中为幼儿留白，根据幼儿实际情况随时调整预设的内容。

（5）教师应通过师幼互动、家园互动，共创主题活动课程。

在教育活动越来越强调多元与整合的今天，幼儿园、家庭、社会都是教育的重要资源。作为教师，我们要不断地开发和利用多种资源，培养幼儿对家乡、祖国的热爱之情。孩子们作为文化传承的力量之源，本次活动必将在他们的心中留下深深的烙印。

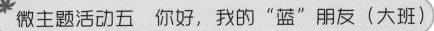

微主题活动五　你好，我的"蓝"朋友（大班）

教师：谭　馨

扫码看彩图 4-5-1

活动背景

《纲要》中指出：教师要"引导幼儿了解自己的亲人以及与自己生活有关的各行各业人们的劳动，培养其对劳动者的热爱和对劳动成果的尊重"。一个关于消防员的视频引起了幼儿强烈的好奇心和兴趣。他们在观看视频后，提出了诸多的问题。教师借此教育契机开始和幼儿共同讨论关于消防员的相关信息。通过讨论，教师发现幼儿对消防员这一职业的了解只停留在表面。因此，教师决定借助幼儿的已知经验，利用多种形式帮助幼儿深入了解消防员这一职业，从而揭开消防员的"神秘面纱"。

幼儿兴趣生发后教师思考

幼儿的学习是以直接经验为基础。教师要最大限度地支持和满足幼儿通过亲身体验、实际操作和直接感知获取经验的需要。本次活动是教师根据幼儿兴趣点，充分利用社会资源而生成的，是一个基于幼儿、倾听幼儿、顺应幼儿、支持幼儿的过程。孩子们在深入了解消防员职业的同时，通过亲身体验、实际操作，体验消防员平日训练的辛苦和付出，解开了心中的疑问，验证了自己的猜想，同时，也让幼儿明白了生命的可贵和消防员无私奉献的伟大。

活动目标

1. 初步了解消防员的工作特点，以及消防服的服装种类和作用，鼓励幼儿深入了解消防员的职业。

2. 了解消防员抢险救灾中用到的工具，并用绘画的方式进行记录。

3. 结合体验活动感受灭火器的重量、材质及特点。

4. 通过亲身体验，感受消防员的辛苦，了解消防员的职业，由此懂得付出和感恩。

5. 通过艺术表现形式抒发对消防员的崇敬之情。

活动过程

活动（一） 观看消防员出警视频

孩子们观看完消防员出警视频后，引发了热议。他们看到消防员叔叔迅速、利落的动作，能用很短的时间完成很多的事情（参看视频4-5-1），都非常钦佩。他们把自己观察到的情形和同伴进行了分享。

扫码看视频4-5-1

珊珊：消防员叔叔的动作也太快了吧？

轩轩：消防员叔叔脱鞋都不用手帮忙，我也想学。

宸宸：消防员叔叔背着那么多东西，还能跑那么快，是不是那些东西都很轻啊？

教师思考

我听着孩子们的议论和猜想，也被他们的探究欲望"感染"了。于是，我买来了消防员真实穿的衣服、鞋子和帽子，以及幼儿的消防体验服，准备和孩子们开启一场探秘活动。

活动（二） 认识消防员的装备

幼儿在观看消防员的灭火视频后，对消防员的救火装备产生了浓厚的兴趣。潼潼分享着自己认识的消防员装备（图4-5-1、图4-5-2）。

潼潼：我认识里面的水枪，它能把水喷得特别高。

大廷：我在视频中还看见了灭火器。

就这样，孩子们都很想认识消防员的装备，了解它们的作用。

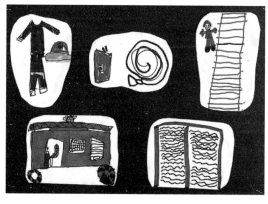

图4-5-1

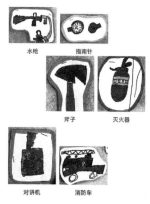

图4-5-2

教师思考

从孩子们的言谈话语中，我能感受到他们对消防员装备的好奇和探究欲望。于是，我便追随幼儿的兴趣和脚步，引导他们开启了认识消防员装备的活动。

活动（三）　灭火器初体验

孩子们在认识了消防员的灭火装备后，对灭火器的重量产生了好奇。他们纷纷表达着自己的想法（图4-5-3）。

潼潼：别的工具，我不知道。但是，灭火器，我见过啊！

轩轩：灭火器很沉，妈妈都不让我动。

大廷：我觉得应该不沉吧，要不，消防员怎么用它灭火呢？

甜甜：灭火器会不会很轻？要是很重的话，消防员叔叔怎么跑得那么快？

潋潋：我觉得会很重，毕竟灭火器里面还有东西。

轩轩：那太简单了，幼儿园就有灭火器，咱们试一试，不就知道答案了吗？

教师找来了幼儿园的灭火器，孩子们争先恐后地上前尝试（图4-5-4）。

甜甜：这和我想象中的灭火器重量不一样，我都拿不起来。

轩轩：我能一只手拎起灭火器，但是坚持不了太久。

潋潋：我两只手才能把灭火器提起来，这可没有想象中的那么轻，也没有重到拿不动。

宸宸：这也太沉了，消防员叔叔真是太厉害了！

小奕：我的力气太小了，一只手拿灭火器，只能让灭火器刚刚离地。

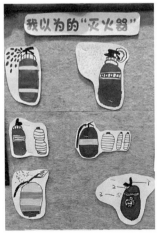

图4-5-3　　　　　　　　　图4-5-4

教师思考

从幼儿的对话中，我听到了他们对灭火器重量的猜想，也捕捉到了值得深入探究的信息。在活动中，教师应顺应幼儿的兴趣和发展需要，让幼儿在真实的体验中解开心中的疑问，同时验证自己的猜想。

活动（四） 寻找幼儿园里的灭火器

孩子们了解了灭火器的作用和使用方法，亲身体验了灭火器的重量后，他们对幼儿园里有多少个灭火器产生了兴趣，经过讨论，他们决定分组合作，数清楚幼儿园里有多少个灭火器（图4-5-5、图4-5-6）。

潼潼：幼儿园里的灭火器都在哪里呢？

宸宸：我在前院操场上看见过，阳台上也有。

凯凯：我们可以分组去找，然后把找到的数量加在一起，就能知道幼儿园有多少个灭火器了。

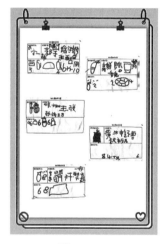

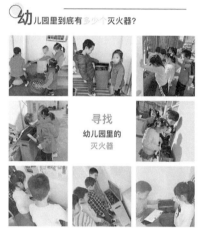

图4-5-5　　　　　　　　　图4-5-6

教师思考

幼儿想知道幼儿园里灭火器的数量，于是，他们自发地开展了数灭火器的活动。在活动中，幼儿能够主动地与同伴协商，分工合作，想办法解决问题，体会到了合作的重要性。

活动（五） 消防员的工作服

孩子们在观看视频时发现，消防员的衣服有四种不同的颜色，颜色不一样，分别代表着什么呢？他们开始查询资料，了解不同颜色的衣服有什么含义（图4-5-7～图4-5-10）。

珊珊：消防员的衣服不是蓝色的吗？为什么还有其他颜色的衣服呢？

轩轩：我看见视频里的衣服还有黄色的和银色的，可是没见到他们在灭火时穿过这些颜色的衣服呀！

潼潼：我们查一查，就知道了。

珊珊：原来消防员的工作不仅仅是灭火呀！

彤彤：那他们的工作也太危险、太辛苦了！

图 4-5-7

图 4-5-8

图 4-5-9

图 4-5-10

活动（六）　40 秒消防初体验

消防员叔叔的穿衣速度引发了孩子们的好奇心，他们大胆地进行着 40 秒的猜想，也进行了亲身体验（图 4-5-11、图 4-5-12），体验后才发现，"原来 40 秒那么短，我们连衣服和裤子都穿不完"（参看视频 4-5-2）。

洋洋：我看视频里消防员叔叔穿衣服的速度特别快，只用了 40 秒。

甜甜：他们 40 秒能做好多事情呀！

墨轩：我们 40 秒也能做很多事情呢！

佳慧：我能穿完所有的衣服。

轩轩：我能看完一本书。

彤彤：我能吃完一顿饭。

小汐：我能跳 100 个跳绳。

潼潼：我能在操场上跑一圈儿。

甜甜：我能跳完一支舞蹈。

大廷：我能画完 10 幅画。

珊珊：我能给小鱼换一次水。

宸宸：要不，咱们试试吧？

　　图 4 - 5 - 11　　　　　　　图 4 - 5 - 12　　　　　扫码看视频 4 - 5 - 2

　　活动前，孩子们的设想天马行空。不难看出，他们对于时间的概念是模糊的。孩子们通过亲自体验穿着消防体验服的活动，发现能在 40 秒内完成的事情少得可怜，他们才真实地感受到时间的长短，知道了以"秒"计算的时间稍纵即逝。与此同时，孩子们逐渐对消防员叔叔产生了浓浓的敬佩之情。

活动（七）　消防任务再体验

　　消防员叔叔的力气那么大，平时他们都是怎么训练的呢？孩子们也想体验一下消防员叔叔的训练项目……（参看视频 4 - 5 - 3）

　　潼潼：我做 10 个俯卧撑，就已经累得不行了。消防员叔叔一口气能做 100 个，他们真是太厉害了！

　　珊珊：我们围着操场跑步，跑 4 圈，就已经很累了。消防员叔叔训练时要跑好几千米，他们一定也很累吧！

扫码看视频 4 - 5 - 3

　　赫赫：负重爬楼梯的时候，我差点摔倒了。消防员叔叔背着那么重的装备去救人，也太辛苦了。

　　小汐：我们体验绳索攀爬的时候，手都勒红了。消防员叔叔的手一定也很疼吧！

　　宸宸：我绕过障碍物，爬过垫子，拿起灭火器的时候，都要喘不上气来了。消防员叔叔还要背假人训练，真是太累、太辛苦了。

活动（八）　消防员叔叔的故事

　　孩子们在了解了消防员叔叔工作性质的同时，也被他们的感人故事深深地吸引了（参看视频4-5-4）。他们纷纷用绘画的方式表达着自己对消防员叔叔的敬佩之情（图4-5-13～图4-5-16）。

扫码看视频4-5-4

消防员战士攀爬绳索到达17楼，救出被困在屋内的一家人。

图4-5-13

消防员战士为了保护5岁的小女孩，坠楼时用身体护住了怀抱中的她，最终小女孩获救，消防员战士却牺牲了。

图4-5-14

完成了灭火任务后，疲惫的消防员战士们在废墟现场为战友庆生。

图4-5-15

救援行动结束后，在扫尾检查现场时，房屋坍塌，将消防员战士砸在了下面。

图4-5-16

活动（九）　我们可以为消防员叔叔做些什么

　　孩子们用自己的方式表达着对消防员叔叔的关心（图4-5-17、图4-5-18），希望消防员叔叔能在出险的同时保护好自己（参看视频4-5-5）。

宸宸：我们可以给消防员叔叔送贺卡。

珊珊：我们给消防员叔叔过个生日吧！

赫赫：我们不玩火，让消防员叔叔少出去救人。

凯凯：对，我们还可以把自己知道的告诉弟弟、妹妹们。

晴晴：我要画一幅海报，送给别的班的小朋友。

小奕：我有很多话想和消防员叔叔说。

夕夕：我们要是能见到消防员叔叔就好了。

轩轩：那我想……抱抱他们！

扫码看视频 4-5-5

图 4-5-17   图 4-5-18

活动反思

　　本次活动从观看消防员出警视频引发出对"蓝"朋友——消防员的关注，并致敬所有的消防员："你们辛苦了！"这是一次基于幼儿兴趣开展的生成性微主题活动，活动是倾听幼儿、顺应幼儿、尊重幼儿、理解幼儿、支持幼儿的过程。在活动中，教师跟随幼儿的脚步，充分利用身边的资源，为幼儿提供环境和材料的支持，尊重幼儿天马行空的猜想，鼓励幼儿亲身体验并验证猜想，培养幼儿的责任感。

　　在充满温暖的安全月，幼儿完成了属于他们的体验与感受活动，深入了解了消防员的职业特点和训练内容，真正地做到了感同身受。活动结束后，很多幼儿都把消防员这个职业作为自己的理想职业，他们在活动中不怕吃苦，不轻言放弃，遇到问题时会尝试通过多种途径解决问题，学会了团结与协作，懂得了感恩与付出，一颗爱的种子正在孩子们幼小的心田慢慢地生根、发芽。活动的结尾，孩子们收到了来自消防员叔叔们回信的视频，他们都非常感动，让本次活动也更有意义。

第五章 生活创意篇

微主题活动一 请按下快门儿（中班）

教师：朱　静

扫码看彩图 5-1-1

活动背景

班里的孩子们对我常用的相机产生了兴趣，总会在我拿出相机时发问。

"老师，你在拍什么呢？"

"老师，让我看看，让我看看！"

"老师，你为什么要拍我们呀？"

"老师，我能摸摸它吗？我也想拍。"

我在思考，何不将孩子们感兴趣的事情生成一次有意义的活动呢？摄影是一种表达情感、记录影像的方式，通过这种表达和记录去分享拍摄当下的感受并感染他人，这是美术活动中摄影部分的教学内容。于是，孩子们与相机的故事就这样拉开了帷幕。

幼儿兴趣生发后教师思考

每个孩子都拥有一双发现美的眼睛。我希望他们能用摄影的方式来记录美的瞬间。摄影的魅力在于通过镜头瞬间捕捉景物，观察、记录世界和表达自我。按下快门儿前后的思考，在摄影中是十分重要的环节。当幼儿拍下某一画面时，可以询问他的想法，借此了解幼儿观察世界的角度，或许还能更深入地察觉他们的心理状态。

我依据本班幼儿的兴趣，为此次生成性活动设计了简单的微主题活动网络图，并延伸出相应的活动内容。

活动目标

1. 幼儿对"相机"产生了好奇心，乐于与"相机"互动，并愿意与同伴分享拍摄的经验。

2. 幼儿能够与静态的自然环境互动，发现环境与自己经验的联系，愿意创想。

3. 幼儿从想拍、无目的的拍摄过渡到有主题方向的拍摄。

4. 幼儿能够积极、主动地表达、表现，作为被拍摄者的幼儿也能大胆地提出建议，让摄影师有机会与全体小朋友合作完成一幅集体作品。

5. 幼儿对摄影主题有了明确的认识，从"想拍"到"有主题方向的拍摄"，再发展到"赋予情感和有意义的拍摄"，从一个人的独立行为到融合两三个人的想法，再到小组拍摄意志的体现，最后到全体幼儿共同参与的拍摄，体现了拍摄活动层层递进，以及幼儿之间的互动与分享。

活动过程

活动（一）　认识相机、尝试按下快门

班级教师非常喜欢用相机记录孩子们生活、游戏、学习的精彩瞬间。相机是班里的一个常用设备。孩子们对此也很感兴趣。教师抓住幼儿对相机的好奇心，结合他们的兴趣，生成了一次随机的教育活动。

幼儿对教师常用的相机产生了探究兴趣，充满了好奇心，总会在教师拿出相机时发问。

小李：老师，你在拍什么呢？

小黄：老师，让我看看，让我看看！

麟麟：老师，你为什么总拍我们呀？

萱萱：老师，我能摸摸它吗？我也想拍。

可以看出，孩子们对拍摄产生了浓厚的兴趣（参看视频5-1-1）。

孩子们第一次观察相机。

麟麟：我和老师一样，能每天拍照了！

小黄：从哪儿能看见自己想拍的东西？

在教师的指导下，孩子们寻找到可以看见景物的"小窗户"，也就是取景器。

扫码看视频5-1-1

小李：我看见过老师把眼睛放在这里（图5-1-1）！

小黄：咱们怎么拍？手机拍照时有白点（快门），相机的白点在哪儿（图5-1-2）？

图 5-1-1 　　　　　　　　　　　　　　图 5-1-2

　　从孩子们的对话中可以看出，他们向往教师的日常工作，喜欢模仿教师的一举一动，愿意亲自动手操作，而学习的动机源自他们的好奇心。同时，他们乐于探索与操作，行为方式及认知也表现出了他们的已有经验。

　　萱萱尝试按下快门（图 5-1-3）。随后，她赶快喊来其他小朋友，高兴地与同伴分享。

　　萱萱：你们看！这是朱老师的肚子（图 5-1-4）！

　　萱萱迁移了自己已有的生活经验，并对"按快门、拍照片"很感兴趣，喜欢与同伴互动。

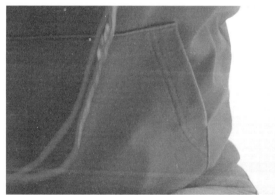

图 5-1-3 　　　　　　　　　　　　　　图 5-1-4

　　壮壮则对不同形状、大小的相机和镜头感兴趣，他发现了一个不一样大的"大眼睛"，与小伙伴交流着"看到了什么"（图 5-1-5、图 5-1-6）。他观察细致，有好奇心，利用分享与同伴相互积累着经验。

图 5-1-5 　　　　　　　　　　　　　　　　图 5-1-6

教师思考

　　活动中，幼儿对相机产生了好奇心，喜欢摆弄相机，愿意跟同伴分享自己的拍摄经验。幼儿对相机的兴趣源自摄影。接下来，教师为幼儿提供了相关的材料和环境，请幼儿尝试用相机拍照，并引导幼儿关注"拍什么""为什么拍"，让幼儿自由表达自己的想法。

活动（二）　尝试拍照

　　在幼儿初步尝试"按下快门"后，教师先做观察者，将相机的拍摄模式设置为自动对焦，以保证幼儿能顺利拍照，但不主动进行其他指导。同时，教师引导幼儿走出教室，为幼儿提供更开阔、丰富且自由的拍摄空间。幼儿初步了解了相机的操作方法——按下快门，并对拍照感兴趣。

　　萱萱：你知道怎么拍一张照片吗？我教你（图 5-1-7、图 5-1-8）！

图 5-1-7 　　　　　　　　　　　　　　　　图 5-1-8

小七：要怎么做？

沐沐伸出小手，指了指快门。

沐沐：我知道，是这里吧！

幼儿彼此间都有拍照的兴趣，喜欢与同伴互动，分享着自己的拍摄经验。

萱萱：我给你拍张照，你摆个姿势吧（图5-1-9）！

小七：耶（图5-1-10）！

图5-1-9　　　　　　　　　　　　　　图5-1-10

萱萱拍下了秋日落叶的特写。

萱萱：叶脉就像美工区的线描画，好美！我要把它贴在墙上（图5-1-11、图5-1-12）。

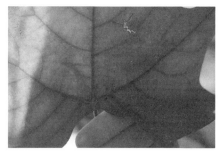

图5-1-11　　　　　　　　　　　　　　图5-1-12

从幼儿拍照的过程可以看出，他们已有一定的拍照经验，如拍照时有提示语、准备拍照时摆好姿势等，通过本次拍照会迁移已有经验，重新整合、运用。他们逐渐发现自然与生活的联系，开始有目的地记录周围的景物，尝试与环境互动。

麟麟：我拍的梧桐树像雨伞，还像一个区域的插牌（图5-1-13）！

小浩：我从班里拍到的梧桐树就不像，它像一个滑梯（图5-1-14）。

图5-1-13　　　　　　　　　　　　　　图5-1-14

教师思考

幼儿在这次的拍摄过程中，能够将摄影主体联想为生活中的物品，因为站在不同的位置，观察同一物体会产生不同的角度。幼儿能与同伴互动，表达自己的想法。而同一个小组另外的几位小朋友没有加入有关梧桐树的讨论，他们站在旁边，镜头大多对着正在游戏的同伴。相较于通过拍照记录周围环境，他们对同伴更感兴趣，但也大多为随意拍摄，单纯地感受着"按下快门"的快乐。

幼儿能够与静态的自然环境互动，发现环境与自己拍摄经验的联系，愿意就拍摄照片中的景物进行创想。本次活动后，教师在大屏幕上播放幼儿拍摄的作品，并请"摄影师"介绍自己的作品，引导幼儿相互评价，发现拍摄中共性的问题，交流"我想拍什么"并再次尝试。

活动（三）　我想拍……

孩子们讨论了部分"摄影师"的作品，发现了拍同伴游戏时的共性问题是"不知道拍的是谁""看不清他在干什么"。于是，教师邀请幼儿再次尝试拍摄，一起总结拍照的方法。个别幼儿能够在拍摄前思考"拍什么""画面里有什么"，部分幼儿仍喜欢随意按下快门，进行无目的地拍摄，"看见什么，就拍什么"。

在活动刚开始时，幼儿仅仅是随意按下快门，然后回看。小摄影师们互相评价着自己的照片。

小七：哈哈，只有腿（图5-1-15）！

我：你为什么这样拍呢？

小七：我也不知道。

图5-1-15

我：那你有想拍的画面吗？

小七：我想拍钻山洞！

我：那照片里有什么？

小七：有正在钻（山洞）的小朋友。

虽然幼儿是"无目的"的拍摄，但他们也能主动评价自己的作品，发现其中的问题。经过教师的引导，幼儿开始说出自己的想法，向"有目的"的拍摄转变。

接着，幼儿重新拍摄了正在游戏的同伴，并把前、后拍摄的两张照片进行对比，再自我评价。

小七：我拍到了正在钻的小朋友！

我：非常好！你看看哪里还能更好一些？

小七：这两张都有人挡着（图5-1-16、图5-1-17）。

我：你可以试着解决这个问题吗？

图5-1-16   图5-1-17

此时，幼儿能够关注到画面中人物杂乱的遮挡关系、拍摄主体不突出的问题。

幼儿再次尝试在不同的位置拍摄，并能开心地和同伴分享自己成功的摄影作品，介绍拍摄的好方法：避开遮挡物，拍下完整的画面（图5-1-18）。

教师思考

幼儿在发现问题后，能积极尝试用自己的办法解决问题，从"想拍"到"无目的"的拍摄，再过渡到"有主题方向"的拍摄。

图 5 - 1 - 18

　　教师对幼儿的问题进行聚焦，再次梳理出拍摄时的共性问题"如何避免画面杂乱无章"，再将共性问题与摄影活动的经验相联系，从问题出发引导幼儿进行记录，包括幼儿遇到的问题和解决的办法，并利用环境分享，再次挖掘"我想拍什么"的关键点。

活动（四）　记录身边发生的事

　　教师通过谈话活动，与幼儿交流、分享摄影的乐趣和目的。幼儿观察到教师日常拍摄的照片会打印，并展示到"咔嚓一下"（精彩瞬间）主题墙饰的板块里，他们认为拍照是一种记录方法。教师询问幼儿"想记录哪些事情、为什么记录"时，幼儿能初步地进行有主题方向的拍摄，对用摄影的方式记录幼儿园生活很感兴趣，能有自己的想法（参看视频 5 - 1 - 2）。

　　活动前，幼儿与同伴交流、分享了发生在自己身边的事及大家都想拍哪些事。孩子们开始关注发生在自己身边的事，有了自己的想法，能够大胆表达。

扫码看视频 5 - 1 - 2

　　妮妮：幼儿园的银杏叶都落了，我想拍银杏叶。

　　坤坤：小朋友扔银杏叶，很好玩（图 5 - 1 - 19）！

　　妮妮：我想找找秋天（图 5 - 1 - 20）。

　　萱萱：我跟你一起去，你能给我拍照吗？

　　妮妮：你们玩吧！我来拍。

　　萱萱：一、二、三！扔啦！

　　此时，幼儿能结合自然环境的变化制订自己的拍摄计划，并有合作游戏的意识。

图 5 - 1 - 19

图 5 - 1 - 20

心言：今天，有升旗仪式。我想拍！

小浩：升旗仪式之后，还有武术操表演。我来拍拍咱们班！

小浩：老师，我能把所有升旗手都放在图上，我要把国旗放在中间（图 5 - 1 - 21）。

心言：中二班的小朋友做操时都要用力，拍得才好看（图 5 - 1 - 22)！

中班中期的孩子们开始关注身边正在发生的事情，有记录它的想法。同时，能够与同伴合作游戏，对"主题拍摄"有自己的想法和设计。在有主题方向的拍摄活动中，幼儿对画面内容和构图有自己的设计，也能大胆地向同伴提出自己的建议。

图 5 - 1 - 21

图 5 - 1 - 22

在以秋天为主题的拍摄活动中，壮壮跑到萱萱的身边，把鞋上的"星空"与落叶一起拍了下来（图 5 - 1 - 23）。

麟麟：黄绿色的石榴叶也是秋天！

康康：小花园里暖暖的阳光是秋天！

菲菲：你看，柿子树叶有红色的，也有绿色的。

此时，孩子们已经善于发现身边事物的细节，知道秋天是多彩的，并愿意与同伴分享自己的发现（图5-1-24～图5-1-26）。

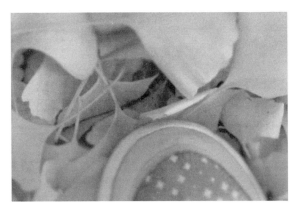

图5-1-23   图5-1-24

图5-1-25   图5-1-26

教师思考

　　本次活动中，幼儿能够积极、主动地用摄影的方法表达与表现，作为被拍摄者的幼儿，也能大胆地提出建议，使得摄影师与全体小朋友合作完成一幅集体作品。接下来，就可以收集幼儿作品，共同讨论如何分享大家的作品了。

活动（五）　筹备摄影作品展

　　幼儿分组确定了拍摄的主题，并尝试拍摄。教师将幼儿作品收集起来，与幼儿共同讨论："照片怎样才能让更多的人看到？"此时，幼儿完成了主题拍摄，正在期待分享（图5-1-27）。

　　菲菲：老师以前都给咱们在大屏幕上（播）放（照片），咱们现在就看，行不行？

　　芝士：可我想随时都能看见，大屏幕不能一直开着呀！

　　壮壮：咱们把照片贴在班级门口吧！路过的小朋友们就都能看见啦！

　　我：那咱们就筹备起来吧！你们觉得都需要准备什么呢？

孩子们：我们的照片！

芝士：当然还要有好看的相框呀！

幼儿进行了集体讨论。在此过程中，他们能思考同伴的提议，并提出自己的想法，结合已有经验解决新的问题。

讨论过后就是分工合作了。第一组幼儿根据照片主题对相框进行装饰（图5-1-28），他们能够有目的地进行游戏，将照片主题与相框装饰相结合。第二组幼儿将照片按照主题进行分类，如"银杏节""秋日色彩""有意义的事"（图5-1-29）。第三组幼儿组合相框和照片，按照第二组分好的类别，和教师一起布置摄影展（图5-1-30），全体组员能够合作完成筹备摄影作品展的任务。

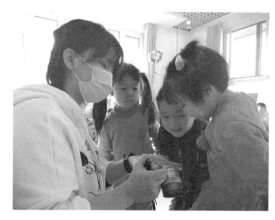

图 5-1-27

图 5-1-28

图 5-1-29

图 5-1-30

教师思考

幼儿对摄影主题有了明确的认识，从"想拍"到"有主题方向的拍摄"，发展到"赋予情感和有意义的拍摄"，从一个人的独立行为到两三个人结伴、再到小组合作、最后全班参与的互动与分享。教师对活动进行观察，梳理出课程故事，延续班级幼儿对摄影的兴趣。

活动反思

在整个活动过程中，教师尝试让幼儿成为活动的主导。教师在观察幼儿的过程中寻找适当的教育契机，及时支持与引导幼儿。比如，对孩子们的摄影作品进行赏析、为幼儿提供分享作品与表达彼此感受的机会，尊重每个"摄影师"的作品，帮助记录大家的语言表达，从而助力幼儿摄影能力的发展。

当幼儿学会相机的使用方法后，就对摄影产生了更加浓厚的兴趣。随着幼儿的摄影作品越来越多，一场"小小摄影展"的筹备工作开始了。教师先是围绕"怎样才能将自己的作品分享给所有人"展开了讨论，共同解决面临的问题"选择什么样的照片参展"，进而共同欣赏、选择优秀的摄影作品，总结幼儿拍摄过程中的优点。幼儿对照自己的作品，参与投稿。在整个活动过程中，幼儿对"本班摄影作品如何展示""如何让全园幼儿和老师看到摄影作品""爸爸、妈妈不能来幼儿园，怎样看到摄影作品"及"摄影展在哪里举办更合适"等问题进行了细致、周密的思考，并一一加以解决。孩子们实现了自己的所思、所想，还在家长的带领下，用相机记录了生活中的美好瞬间。

不同时期，孩子们拥有了不同的收获。他们通过"拍"的动作，拥有了"拍"的思想，通过"拍"来记录一种情感，这是他们感动这个世界的方式，他们拥有了发现美的眼睛和创造美的能力，记录着生活中美的瞬间，更记录着成长的瞬间，这也是心灵的蜕变过程。

一次生成活动让孩子们对"摄影"产生了兴趣。我很庆幸在孩子们的心底埋下了一颗热爱生活的种子。未来，我们将对孩子们的摄影作品进行展示，帮助他们重新回顾自己的生活片段和美好瞬间。同时，请同伴一起讨论并分享各自的感受，再尝试用符号、简单的文字和图画记录和整理，发现生活之美，共同记录成长的过程。

微主题活动二 把生活装进相框里（大班）

教师：陈 玥

活动背景

扫码看彩图 5-2-1

《纲要》在艺术领域中提到：支持、引导幼儿"能初步感受并喜爱环境、

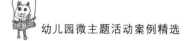

生活和艺术中的美；喜欢参加艺术活动，并能大胆地表现自己的情感和体验；能用自己喜欢的方式进行艺术表现活动"，是幼儿艺术领域教育追求的目标。艺术领域的教育要尊重儿童的不同潜能和表达意愿，使其在艺术方面获得个性化发展。本次微主题活动能自然而然地顺利开展，是基于幼儿生活中的真实需要。幼儿在美工区进行了相框的艺术创作。教师在活动中作为倾听者、支持者、记录者，见证了课程的生成过程，也见证了儿童的成长。

幼儿兴趣生发后教师思考

班级最近一直在热火朝天地开展着"寻找老物件"的活动。各种各样的老物件和老照片散落在我们班级的各个角落。"老照相馆"的拍摄工作也在如期地进行着，起初的造型、拍摄场景、选片已经满足不了孩子们的游戏需要了。于是，教师为孩子们提供了电子类的产品，一张张有年代感的老照片随即"出炉"。由于"老照相馆"工作人员的疏忽出现了照片卷边的现象，客人很不开心。为了弥补工作失误，工作人员脑洞大开，想到了通过制作相框存放照片。

活动目标

1. 积极、主动参与美工区的游戏，能自主选择材料，支持自己的游戏需要。

2. 敢于尝试，自主选择、收集并利用多种材料大胆设计、装饰和制作美术作品。

3. 能结合自己的感受和情感需要制作不同的相框，初步尝试用艺术手段创作个性化的相框。

4. 能合理利用计划书，与同伴合作游戏，共同发挥想象力和创造力。

5. 喜欢自己的作品，能够将自己的所见、所想、所感大胆地融入艺术创作与表现中。

活动过程

活动（一）　相框从何而来

"老照相馆"的工作如期进行着，一张张有年代感的老照片随即"出炉"。由于工作人员的疏忽，造成了照片卷边、染色的现象（图5-2-1），小客人很不开心。为了弥补工作疏忽，孩子们想给打印出来的照片制作一个相框，以便更好地保存照片。

轩轩：我打印好的照片总是卷边，客人特别不满意。

珺珺：你别着急，用书压压，试试吧！

远远：我今天就想把照片拿回家，能弄好吗？

伊伊：我给你们出个主意，你们让美工区的小朋友给你们想想办法。

琪琪：我试着给你做个相框吧！

图 5-2-1

图 5-2-2

教师思考

在幼儿的区域游戏中，"老照相馆"（图 5-2-2）的拍摄游戏非常受欢迎。照相馆的"工作人员"用打印机、A4 纸将自己拍摄的照片打印出来，请"小客人"带回家。一次无意中的"不完美"事件，让孩子们有了制作相框的想法。作为教师，我们支持幼儿的游戏行为，鼓励其按照自己的想法进行游戏。

活动（二）　初次制作相框

1. 尝试半成品材料

琪琪在班级美工区的材料库里找到了类似相框的材料，她将剪好的照片直接放在了上面，发现上、下还有很大的空隙，尺寸不合适（图 5-2-3、图 5-2-4）。

图 5-2-3

图 5-2-4

2. 尝试超轻黏土

有了半成品材料不适合的经历后，琪琪发现相框的尺寸太大了。于是，她找来了超轻黏土，随意捏了一个镂空的椭圆形，结果发现和照片相差甚远，显得太小了。

活动（三）　探寻相框

幼儿有了失败的经历，对"相框到底是什么样的""相框和照片的关系是什么"非常好奇。于是，他们在生活中寻找相框，将找到的相框在班里进行了展示、交流与分享。通过欣赏、观察、交流，孩子们了解了相框与照片的关系，知道相框有不同的样式和材质（图5-2-5~图5-2-10），并且将自己总结的经验表征出来（图5-2-11~图5-2-16）。

图5-2-5

图5-2-6

图5-2-7

图5-2-8

图 5 - 2 - 9

图 5 - 2 - 10

图 5 - 2 - 11

图 5 - 2 - 12

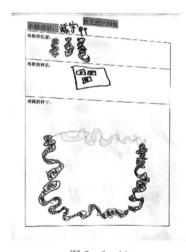

图 5 - 2 - 13

图 5 - 2 - 14

图 5-2-15

图 5-2-16

教师思考

　　幼儿自发地寻找相框，在园里、家里搜集了许多的相框素材和资源，并和同伴进行分享，每个幼儿的想法都是不同的。因此，我设计了一张表格，鼓励幼儿对自己的想法进行表征，从幼儿的表征中可以看到，幼儿关注的点是不同的，他们有的关注相框的四个角，有的关注相框的颜色或花纹。有了这样的表征作品，教师容易了解幼儿的内心感受和当前发展水平，能更好地支持幼儿的想法和需要。

活动（四）　再次尝试

1. 超轻黏土制作

　　孩子们兴高采烈地获得了制作相框的经验。他们做好相框后，第一时间来到了照相馆，取了一张照片。从一个边开始用超轻黏土进行围拢（图 5-2-17），随后进行晾晒，并贴上了小的装饰物（图 5-2-18、图 5-2-19）。但是，相框一不小心掉在桌子上，就摔碎了（图 5-2-20）……

图 5-2-17

图 5-2-18

图 5 - 2 - 19　　　　　　　　　　　　　　　图 5 - 2 - 20

2. 硬纸板制作

当孩子们经历了超轻黏土制作相框屡试屡败后，班里的一个小朋友想到了用硬纸板制作相框。于是，他们在美工区找到一块面积最大的纸板，随意画了一个长方形，准备剪下来看看（图 5 - 2 - 21），能不能匹配照片的尺寸。经过比对，他们发现剪下来的硬纸板大小和照片一样大，将照片放在上面，会把硬纸板全部挡住。

图 5 - 2 - 21

基于前期的试错，孩子们发现了硬纸板的尺寸要根据照片的大小事先量好、画好。于是，他们把照片放在硬纸板上，用笔在硬纸板上画出照片的轮廓（图 5 - 2 - 22），再测量出相框的边到照片轮廓的相同距离，画出相框的四边（图 5 - 2 - 23），然后进行剪裁。

图 5 - 2 - 22   图 5 - 2 - 23

教师思考

硬纸板属于低结构材料，其可操作性和变化性都比较强，也是幼儿便于操作的材料之一。美工区的硬纸板能被幼儿发现并加以利用，源于幼儿前期的制作经验。幼儿发现相框和照片的结构关系后，能利用尺子等测量工具进行有效的标记，画好边框，再剪下硬纸板，可以说是创意满满了。

活动（五）　尝试新的方法

1. 制订相框计划书

孩子们有了成功制作硬纸板相框的经验，开始各抒己见，并且以合作的方式将后期制作的想法画了出来，形成了计划书（图 5 - 2 - 24～图 5 - 2 - 27）。

图 5 - 2 - 24   图 5 - 2 - 25

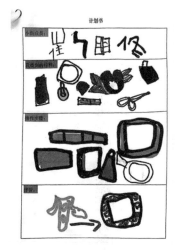

图 5 - 2 - 26 图 5 - 2 - 27

2. 收集材料，充实自己的相框制作

在大主题活动下的"寻找老物件"活动中，幼儿收集了许多旧物，放在了美工区里（图 5 - 2 - 28）。幼儿根据自己的需要，对旧物进行了分类整理（图 5 - 2 - 29），比如，旧衣服剪成了布条、鸡蛋托剪成了空心半圆形、从旧毛绒玩具里掏出了蓬松棉、把垃圾袋变成了蝴蝶结。

图 5 - 2 - 28 图 5 - 2 - 29

3. 作品初见成效

孩子们根据自己的想法，结合计划书的内容，连续几天，合作制作了许多的相框（图 5 - 2 - 30～图 5 - 2 - 35）。

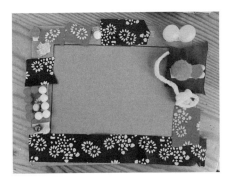
图 5 - 2 - 30

图 5 - 2 - 31

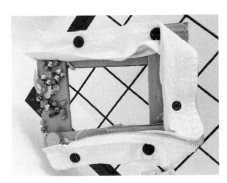
图 5 - 2 - 32

图 5 - 2 - 33

图 5 - 2 - 34

图 5 - 2 - 35

教师思考

幼儿根据自己的想法绘制了相框制作计划书，并根据自己的需要收集了许多的材料。接下来，他们又根据计划书的内容对材料进行整改。幼儿发现，很多生活中的废旧材料非常适合再加工，用于制作。通过此环节的活动，幼儿提升了多方面的能力并感受到动手操作的快乐（参看视频5-2-1）。

扫码看视频5-2-1

活动（六） 再次探索相框的样子

1. 发现立体相框

当孩子们制作了许多相框后，他们发现制作的相框成品都是平面的，只能将照片贴在上面，而且只能贴一张照片。现实中的相框到底是什么样子的？和自己做的有什么不同呢？孩子们从身边入手，通过直接感知、亲身体验的方式重新了解了相框。他们把实物相框摘下来（图5-2-36），拆开，想要一探究竟（图5-2-37、图5-2-38）。随后，他们根据自己的发现找到了各种颜色的地垫，用它制作了立体相框（图5-2-39～图5-2-41）。

图5-2-36

图5-2-37

图5-2-38

图5-2-39

图 5 - 2 - 40　　　　　　　　　　　图 5 - 2 - 41

2. 发现相框的展示形式

孩子们在网络中、生活中发现了相框有不同的样式，其中的台式相框和悬挂式相框，孩子们非常喜欢，并根据自己的想法进行了制作（图 5 - 2 - 42～图 5 - 2 - 47）。

图 5 - 2 - 42　　　　　　　　　　　图 5 - 2 - 43

图 5 - 2 - 44　　　　　　　　　　　图 5 - 2 - 45

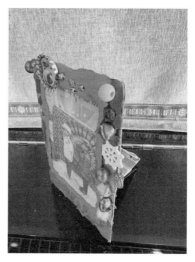

图 5 - 2 - 46 图 5 - 2 - 47

3. 发现照片墙

在幼儿园里有几面墙，孩子们非常喜欢。他们发现这几面墙都是由多张照片组成的（图 5 - 2 - 48～图 5 - 2 - 50），而且组成的方式各不相同。于是，他们也想制作并且设计一面属于自己的照片墙（图 5 - 2 - 51～图 5 - 2 - 54）。他们就不同的照片墙摆放照片的样式不同进行了投票（图 5 - 2 - 55），最终选定大家一致认可的样式，照片墙也"新鲜出炉"了（图 5 - 2 - 56）。

图 5 - 2 - 48 图 5 - 2 - 49

图 5 - 2 - 50

图 5 - 2 - 51

图 5 - 2 - 52

图 5 - 2 - 53

图 5 - 2 - 54

图 5 - 2 - 55

图 5 - 2 - 56

教师思考

幼儿的创作过程是逐渐深入的，随着他们的想法越来越多，相框制作得也越来越精细。在自制相框的活动中，幼儿从失败到成功，从锦上添花到废物利用，一次又一次地观察和学习，不断地尝试和交流，对每个相框注入了新的思想和情感。每个相框的诞生都是一个创造力无限激发的过程，真实地满足了区域联动的需要（参看视频5-2-2）。

扫码看视频5-2-2

活动反思

本次活动源自幼儿游戏时自然发生的随机事件，幼儿根据自己的需要，以制作相框解决实际发生的问题作为切入点。在一次次试错中，他们逐渐形成了对相框的认知，积累了制作相框的经验。活动的推进都是通过慢慢地丰富材料逐步深入的。活动中，每一次的制作都有计划书的支持，同伴间相互交流，将个体经验转化为集体经验，整个课程的推进都是在儿童的交流与合作下进行的。

活动中，幼儿的经验随着课程的实施路径逐渐形成，认知经验推动着操作经验的发展，操作经验又丰富着认知经验，二者均在审美经验的作用下，无声地发生着螺旋式上升的变化。在各种经验的相互作用下，幼儿学会了交流与合作，学会了经验共享，学会了剪、粘、测量、打结等生活技能。当一个个相框呈现在大家面前时，幼儿给每个相框配上了照片并起了名字，给每个相框都贴上了特有的标签。这些标签有一个共同的名字，叫作"生活"，叫作"热爱"。

微主题活动三 "包"您满意（大班）

教师：陈 玥

扫码看彩图5-3-1

活动背景

教师结合大班幼小衔接相关的工作内容和安排，在图书区设置了"小课堂"，模拟小学的课堂氛围，区域里也投放了小书包、铅笔盒等学习用具。在游戏中，教师感受到幼儿对小书包的热情，为了满足幼儿的需要，生成了本次微主题活动。

幼儿在充分地欣赏、体验、感受后，产生了设计、制作、装饰小书包的心愿。教师考虑到大班合作化的学习特点，利用教育活动、区域活动、生活活动等方式，为幼儿提供了丰富的探索时间和空间，促进幼儿全面、多元化的发展，使其掌握了许多生活的必备能力。

幼儿兴趣生发后教师思考

本次微主题活动的开展从生活出发，结合幼儿在生活中遇到的一些问题和困难，根据幼儿真实的需要，通过收集、欣赏、体验等方式，引导幼儿获得新经验，产生了设计、制作小书包的意愿。幼儿从设计到制作包包后，希望自己的作品能让更多的人看到。因此，班级开展了"私人订制"活动，打破了年级、班级的限制，在全园范围内进行了互动性强、交流性强的包包订制服务，满足了幼儿的游戏意愿，也发展了幼儿各方面的能力。

活动目标

1. 喜欢自己的劳动成果，愿意展示自己的作品。
2. 能自主选择材料、用品，支持自己和同伴的游戏。
3. 设计、制作包包时，能与他人相互配合，也能独立表现。
4. 能看懂设计表等表格类材料，有合作填写的意识和能力。
5. 尊重和爱惜他人的作品，能用正确的方式给予适当的建议。
6. 通过剪裁、打孔、缝制等过程，锻炼手部小肌肉的力量和灵活性。

活动过程

活动（一） 发现小书包

过渡环节，小朋友们在楼道里进行游戏。洋洋在玩"小课堂"游戏的时候，发现了椅子上的小书包。他将小书包拉开（图5-3-1），仔细观察并探索着书包里、外层的样式和功能，还把书包背在了肩上（图5-3-2），引来了许多小伙伴的加入（图5-3-3）。

图5-3-1

图5-3-2

洋洋：这个书包，我们家也有。比这个好看！但是，没有这个兜多。

博博：我们家也有小书包。

晗晗：我和弟弟有两个一样的书包（图5-3-4）！

洋洋：那咱们把书包都拿到幼儿园来吧！就几个书包，太少了吧！

图5-3-3

图5-3-4

教师思考

对于即将升入小学的幼儿来说，书包对其的影响是非常重要的。教师偶然发现了幼儿对书包的兴趣，他们有了收集书包的意愿。作为教师，我也鼓励幼儿将家里的包包都带来，和同伴分享。

活动（二） 自主收集、体验包包

1.居家体验包包

孩子们回到家，第一时间找到了包包，用自己的方式进行体验。不论是自己的还是家长的包包，都成了孩子们展示的道具。大家纷纷将照片分享到家长微信群里（图5-3-5～图5-3-10）。

图5-3-5

图5-3-6

图5-3-7

图 5 - 3 - 8 　　　　　　　图 5 - 3 - 9 　　　　　　　图 5 - 3 - 10

2. 幼儿园体验包包

孩子们不仅在家里体验了各种包包，还将小包包带到了幼儿园，进行集体分享。在幼儿园里，他们发现老师也有包包。于是，老师的包包也成了孩子们关注和体验的对象（图 5 - 3 - 11～图 5 - 3 - 14）。

图 5 - 3 - 11 　　　　　　　　　图 5 - 3 - 12

图 5 - 3 - 13 　　　　　　　　　图 5 - 3 - 14

教师思考

在收集和体验包包的过程中，幼儿不仅对包包的外形、图案进行了细致观察，还产生了空间探索的意愿，知道包包是可以装东西的，并且内部的空间和结构是不同的。在体验的过程中，幼儿之间互相帮助、互相交流，形成了愉悦而有意义的探索氛围。

活动（三） 探索包包的更多维度

孩子们通过集体分享和讨论，对包包产生了更深入的探索意愿。孩子们提出：家里的包包分层特别多，有的可以装钥匙，有的可以装水瓶、雨伞、手机等物品；有的包是防水的；有的包是皮的，有的包是布的……那包包的分类到底有几个维度呢？

1. 不同功能的包包

现在设计的包包功能很多，有妈咪包（图5-3-15）、钱包（图5-3-16）、卡包等不同用途的包包。

图5-3-15　　　　　　　　　　　图5-3-16

2. 不同材质的包包

包包的材质也决定着包包的样式，基本上挺实的材质会让包包看起来更立体，反之，也会有不同的效果（图5-3-17、图5-3-18）。

图5-3-17　　　　　　　　　　　图5-3-18

3. 不同形状的包包

包包的形状一直备受幼儿关注。他们通常会因为喜欢包包的外形而对其情有独钟（图5-3-19、图5-3-20）。

图5-3-19

图5-3-20

教师思考

幼儿有了前期的欣赏、观察与体验，对包包有了一定的认知经验。他们通过欣赏与观察，见到了不同样式、颜色、配饰的包包，还通过亲身体验，了解到包包材料、功能等的区别，为后期制作包包打下了良好的基础。

活动（四）　"'包'您满意工作室"开业啦

教师基于幼儿对各类包包的探索热情，支持幼儿的设计和制作意愿，将班级美工区更名为"'包'您满意工作室"（图5-3-21、图5-3-22）。

图5-3-21

图5-3-22

教师思考

　　美工区的游戏是基于幼儿意愿开设的，对于幼儿来说，开办工作室的仪式感会促进幼儿更投入地游戏。教师将各类包包投放到"包"您满意工作室，为幼儿提供了观察和欣赏的机会，最大限度地支持幼儿动手操作，制作包包。

活动（五）　制订计划书

　　班级根据幼儿的需要收集了许多材料（图5-3-23、图5-3-24），为幼儿制作包包提供了丰富的素材。教师结合大班幼儿合作化学习的特点，提供了设计表。孩子们根据自己的思考自主分组，制订了设计计划书（图5-3-25～图5-3-32）。

图5-3-23　　　　　　　　　　　图5-3-24

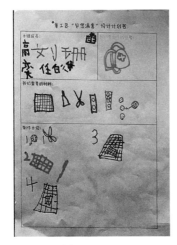

图5-3-25　　　　　　　　　　　图5-3-26

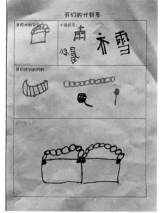

图 5 - 3 - 27　　　　　　　图 5 - 3 - 28

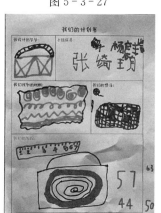

图 5 - 3 - 29　　　　　　　图 5 - 3 - 30

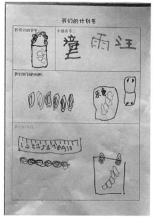

图 5 - 3 - 31　　　　　　　图 5 - 3 - 32

教师思考

包包设计图是幼儿按照自己和同伴的想法共同绘制的。他们不仅考虑了包包的样式、颜色、材质，也考虑了包包的用途与功能。对于幼儿来说，计划是支持其探索、动手操作的关键，也是梳理经验的必要手段。

活动（六） 按需制作

每个幼儿在设计包包的过程中，都有着自己的想法。他们根据自己的需要，和同伴一起进行制作。在此过程中，他们不仅实现了自己的愿望，也提高了自己多方面的能力（参看视频5-3-1）。

扫码看视频5-3-1

1. 缝制小书包

一个幼儿从家里带来了一条旧围脖，她根据自己观察到的小书包样式，做了一个双肩背的毛质小书包。考虑到小书包大多数是有夹层的，她还在书包的外侧做了一个小口袋。因为需要缝制口袋，她学会了"锁针缝制法"（图5-3-33～图5-3-36）。

图5-3-33

图5-3-34

图5-3-35

图5-3-36

2. 麻布手提袋

麻布是制作包包过程中经常被用到的原材料。孩子们熟悉了布的缝制方法后，可以按照自己的想法和设计图制作出许多不一样的包包（图5-3-37～图5-3-40）。

图5-3-37

图5-3-38

图5-3-39

图5-3-40

3. 皮革小包包

皮革对于孩子们来说是一种新的制作材料。他们通过观察发现很多包包的材质都是皮质的，那么对于平滑的皮革材质来说，用较粗的塑料针缝制很不容易。孩子们寻找着可以让皮革产生"孔"的材料，最终锁定了打孔器。起初，他们使用打孔器的时候，只能做到给一层皮革打孔，可是将皮革对折后发现，打好的孔对不上，没法完成缝制。他们发现要把两层皮革对折好，将两层皮革一起打孔，才能方便后期缝制。可是由于打的孔很圆、很大，线穿进去，会被拉出来，孩子们就想到了用打结的方法把里面的线和外面的线系上，这样就可以进行连续缝制了。最终，孩子们完成了多种皮革材质包包的制作（图5-3-41～图5-3-44）。

图 5 - 3 - 41

图 5 - 3 - 42

图 5 - 3 - 43

图 5 - 3 - 44

4. 连环扣背包

孩子们在区域中找到了连环扣，他们认为这个连环扣特别像包包的肩带，于是，将此作为创意点，进行了连环扣背包制作（图 5 - 3 - 45～图 5 - 3 - 48）。

图 5 - 3 - 45

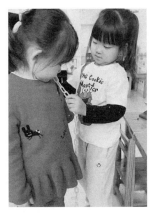

图 5 - 3 - 46

图 5-3-47　　　　　　　　　　　　　图 5-3-48

5. 巧做被子袋

　　幼儿园每个月的月末会进行"被子大清洗"活动，大大的被子袋不便于幼儿拿取。幼儿拿着大大的被子袋，上、下楼梯也存在安全隐患。于是，孩子们设计了一款可以背在肩上的被子袋。为了使被子袋既结实、能承受被子的重量，又漂亮、美观，孩子们找到了美工区的闲置桌布，经过测量，可以用来缝制被子袋。很快，孩子们就完成了缝制（图 5-3-49～图 5-3-52）。

图 5-3-49　　　　　　　　　　　　图 5-3-50

6. 帽子改造小背包

　　一顶被闲置许久的毛线帽子被孩子们智慧地改造成了一个毛质的小背包。孩子们为帽子搭配了一个可以伸缩的肩带后，小背包有了一些特殊的用途（图 5-3-53、图 5-3-54）。

图 5 - 3 - 51　　　　　图 5 - 3 - 52

图 5 - 3 - 53　　　　　图 5 - 3 - 54

7. 纱裙改造公主包

班里有一件穿小了的纱裙，它独特的纱质被孩子们看中，认为这样的一个包包很适合作为表演区的服装道具。于是，他们对小纱裙进行了改造，留下了需要的部分，再重新缝合、装饰。就这样，真的被幼儿表演时用上了（图 5 - 3 - 55～图 5 - 3 - 58）。

图 5 - 3 - 55　　　　　图 5 - 3 - 56

图 5 - 3 - 57　　　　　　　　　图 5 - 3 - 58

8. 零食包装袋改造单肩包

随着孩子们的制作技能逐渐增强，他们制作包包的思路也越来越宽。在孩子们欣赏了一个"零食袋"图案的包包后，班级就收集了各种各样的零食包装袋。他们发现这样的零食包装袋可以直接做成包包，难点就在肩带的选择上。由于之前孩子们制作过连环扣肩包，有了相关的制作经验，他们开始研究连环链的制作。最后，大家锁定了曲别针。在决定肩带的长短时，孩子们还进行了肩带的测量，运用了数学领域学到的知识。最终，制作出用零食包装袋改造的单肩包（图 5 - 3 - 59～图 5 - 3 - 62）。

图 5 - 3 - 59　　　　　　　　　图 5 - 3 - 60

图 5 - 3 - 61　　　　　　　　　　图 5 - 3 - 62

教师思考

在幼儿动手制作包包的过程中，他们亲自尝试，发现问题并解决问题，积累了很多的生活经验，学会了观察和发现，认真思考生活中存在的问题并尝试解决。幼儿在小组沟通、决策和实施的过程中，掌握了分工合作的方法，并且能把自己的事情做好，培养了幼儿坚持做事、不放弃的学习品质。这些成功的经验让幼儿变得更加自信。

活动（七）　开启私人订制包包

孩子们制作的包包越来越多，幼儿园里知道这件事的人也越来越多。孩子们想接受更大的挑战，根据他人的想法制作出有针对性的包包，满足个性化人群的需要。于是，私人订制包包的活动开启了！

1. 制作宣传海报和样板图册

为了让"客人"能够清楚私人订制包包的流程，准确地选择自己需要的布料、样式、颜色，孩子们设计了图卡和色卡（图 5 - 3 - 63～图 5 - 3 - 66）。

图 5 - 3 - 63　　　　　　　图 5 - 3 - 64

图 5 - 3 - 65　　　　　　　　　　　　图 5 - 3 - 66

2. 私人订制时刻

自从"私人订制包包"的活动开始后，班级吸引了许多的老师和小朋友们。这种互动式游戏让孩子们的游戏热情高涨。每个小朋友都非常投入并且热爱自己的创作。"客人"也对孩子们制作的包包非常满意（图 5 - 3 - 67～图 5 - 3 - 70）。

图 5 - 3 - 67　　　　　　　　　　　　图 5 - 3 - 68

图 5 - 3 - 69　　　　　　　　　　　　图 5 - 3 - 70

教师思考

"私人订制包包"的活动让整个活动再次升级，教师们的加入也让区域游戏变得有流程、有互动、有反馈。幼儿在此过程中体会到了无限的乐趣和成就感。

活动反思

幼儿在制作包包的过程中有思考、有交流，积累了失败与成功的双重经验。在动手尝试的过程中，发展了幼儿不怕困难、善于思考的好品质，获得了良好的社会性发展，掌握了与他人交流、沟通的技巧。在本次微主题活动中，幼儿通过观察发现了包包的外形特征、图案纹理及不同的结构、款式，在设计中，体现了小组的智慧；在制作过程中，通过使用不同材质的原材料、各种各样的装饰物，创意不同包包的制作方法，合作制作出不同种类的包包，让每个作品都有其"独一无二"的设计元素和创意价值。

在课程教育越来越强调多元化的今天，幼儿园、家庭、社会都是美育教育的重要资源。作为教师，我们不断地开发和利用多种资源，发展幼儿的学习能力、动手能力、表达能力、合作能力等。同时，也从真实生活的角度出发，对幼儿进行"阶梯式"的支持，让幼儿通过欣赏、体验的方式感受美、发现美、创造美，并乐在其中，美在其中！

微主题活动四 只言"片"语（大班）

教师：杜宇威

活动背景

扫码看彩图 5-4-1

一天，吉祥来到了图书区，她发现了一本之前哥哥、姐姐们留下来的自制绘本《一只叫茉莉的小鸟》。吉祥对此爱不释手，立刻跟自己的好朋友嫣嫣去分享。很快，这本自制绘本在大二班"火"了起来。

这天，吉祥一反常态，没有到图书区游戏，而是跑到了美工区。原来吉祥想自己创作一本自制绘本。说干就干，只见她在纸上涂涂画画，不一会儿，吉祥的绘本《大狮子和小蚂蚁》就完成了。这本绘本在大二班再次掀起了一阵热潮。可是，突然有一天，吉祥伤心地找到了我，《大狮子和小蚂蚁》绘本被人撕坏了，这可怎么办？怎么才能留住自制绘本呢？

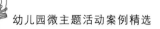

幼儿兴趣生发后教师思考

幼儿天生具有模仿的能力，尤其是身边人的一举一动、一言一行，都是孩子们的模仿对象。当然，模仿力的基础是观察力。幼儿首先要观察别人怎么做，才能去模仿。很显然，吉祥对这本《一只叫茉莉的小鸟》自制绘本很感兴趣。

幼儿偶然发现了一件"新鲜事物"——自制绘本，并对这本自制绘本产生了强烈的好奇心和求知欲，从而产生了对事物观察的兴趣。观察是获取周围世界信息的源泉，是幼儿认识世界、增长知识的重要开端。

活动目标

1. 引导幼儿自己发现照片拍摄不清晰后，让幼儿尝试自己解决问题，通过和同伴反复实验并记录下来的方式，学会在反复实践中得出结论。

2. 能够找到适合的方式，来解决小组内人员分工的问题。

3. 能够察觉表演时角色不同、配音不同，并知道用适合的声音来给人物配音。

4. 能够按照小组组员的意愿，绘制计划单，并按照计划单执行。

5. 通过游戏，提高幼儿发现问题、分析问题和解决问题的能力。

活动过程

活动（一） 留住《大狮子和小蚂蚁》

今天，楠楠、然然和申申来到了图书区。

申申：前两天，吉祥刚刚画了一本《大狮子和小蚂蚁》，咱们一起看吧（图5-4-1）！

于是，三个小朋友一起看起了绘本。就在这时，然然突然发现自制绘本有一页被撕坏了。

然然：这是谁呀？怎么把书都撕坏了啊（图5-4-2）？

书被撕坏了。

吉祥：自制图书被撕坏了，粘好后，还是容易坏，唉！

苏豫：咱们应该想个办法，把自制图书永远留住！

楠楠：咱们应该轻轻地翻页，不能撕坏（图书）。

雨晨：咱们可以用大胶条给它粘上。

媛媛：不如拍照吧！照片在手机里就永远不会破啦（图5-4-3）！

菲菲：我在手机上看到过电子的绘本故事书，那个可以保存很久的！

孩子们都同意媛媛说的方法。于是，媛媛拿起老师的手机，就去拍照了。可是，拍完后，孩子们却发现了一些问题（图5-4-4、图5-4-5），他们一起讨论着。

　　铭铭：画面太抖了，根本看不清楚拍的图片。小朋友在照相的时候，应该（拿得）稳一点儿。

　　语嫣：照片太歪了，应该对齐了再照。

　　壮壮：背景太乱了，又有小朋友，又有钢琴。照相的时候，手机应该离图书近一点儿，就不会有乱七八糟的背景了。

　　接着，孩子们就用手中的画笔画下了解决问题的方法（图5-4-6）。

图5-4-1

图5-4-2

图5-4-3

图5-4-4

图5-4-5

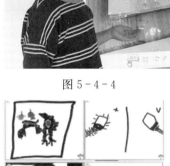

图5-4-6

幼儿园微主题活动案例精选

教师思考

孩子们基本上没有什么拍照的经验。当我发现问题后，首先要做的就是带领孩子们自主解决问题。因此，我一开始并没有直接告诉孩子们应该怎样照相，而是先让孩子们自己拍照、自己发现问题，这样，他们才能更好地站在这个角度去思考问题的解决方法，也能逐渐掌握拍照的小技巧。

活动（二）　电影工作人员有哪些

今天，四个小朋友来到了图书区。

吉祥：怎样才能完成一部电影呢？

悦悦：是呀，拍电影都需要做些什么呢？

壮壮：是不是应该有个人拿着手机录像啊？

诺诺：我觉得还得有个场景，就像我看《海底小纵队》大电影的时候，那个场景就是海底。

吉祥：对对对，我妈带我去看《艾莎》的时候，有个漂亮姐姐就当艾莎来着。我们还得有个演员。

壮壮：那这样是不是就够了？我们还需要做什么呢？

诺诺：要不，我们去问问老师吧！

孩子们一起来问我，我把电脑打开，帮助他们寻找问题的答案（图5-4-7）。孩子们看完视频后，用画笔将自己找到的答案画了下来。在绘画过程中，孩子们认认真真地描绘着自己笔下的各种职位，并画出了每个人物的特点。通过观看视频，孩子们知道了制作一部电影需要有编剧（图5-4-8）、剧务人员（图5-4-9）、摄影师（图5-4-10）、演员（图5-4-11）、剪辑师（图5-4-12）这些主要人员。

图5-4-7

图5-4-8

图 5 - 4 - 9

图 5 - 4 - 10

图 5 - 4 - 11

图 5 - 4 - 12

教师思考

　　孩子们都看过电影，但是却不了解拍电影需要哪些人员互相配合、共同完成。对于孩子们的问题，教师及时给予帮助，引导幼儿在观看视频后，商讨班里如果拍电影的话需要怎么分工。虽然孩子们说不上来每个职位的具体名称，但是从孩子们的画上可以看出，他们能够理解这些人都是做什么事情的。

　　　　　　活动（三）　制作电影《大狮子与小蚂蚁》

　　这天，孩子们在谈论着关于电影的配音问题……

　　骏骏：那应该怎么配音呢？

　　芯媛：肯定要找到合适的人来配音呀！

　　诺诺：就比如说，大狮子的声音应该粗一些，小蚂蚁的声音应该细一点儿。

　　六六：对！大狮子的声音还可以大一点儿，小蚂蚁就小声说。

梦然：大狮子的声音应该慢一些，就是得要低沉的那种感觉。

孩子们对于每个人物的配音都有着自己的看法。接下来，就是评选配音员的环节。孩子们先是自荐，哪个小朋友觉得自己的声音适合这个角色，就站到大家面前说一段这个角色的台词（图5-4-13～图5-4-15），然后，再由大家投票选出最适合这个角色的配音员（图5-4-16）（参看视频5-4-1）。配音员评选出来了。接下来，就开始制作电影了。

图5-4-13　　　　　　　　　　图5-4-14

图5-4-15　　　　　　　　图5-4-16

配音员们聚集到一起，说着自己的台词（图5-4-17）。轩轩帮忙录制后，又开始剪辑（图5-4-18）。在小朋友们的共同努力下，电影《大狮子与小蚂蚁》完工啦（参看视频5-4-2）！

扫码看视频5-4-1　　　扫码看视频5-4-2

图 5-4-17   图 5-4-18

在整个活动的筹备过程中，教师能充分尊重幼儿的意愿与想法，注重激发幼儿的主观能动性，在鼓励幼儿大胆表达自己想法的同时，引导幼儿接受他人的意见，注重培养幼儿的社会性发展。

轩轩已经基本掌握了"剪映"APP 的使用方法，在操作过程中，能够独立进行，不需要教师的帮助与指导。教师请轩轩给大家介绍一下自己在操作过程中的一些小技巧，这样，就可以帮助班里其他幼儿更快、更详细地了解"剪映"APP 的使用方法。

活动（四） 开启微电影之旅

《大狮子与小蚂蚁》的电影开播后，孩子们兴趣高涨，大家都跃跃欲试，想要拍摄一部全部由小朋友创作的微电影。于是，孩子们围在一起，开始商量着如何分工，讨论着自己想要拍摄的主题（图 5-4-19）。

轩轩：咱们就要离开幼儿园了。要不，咱们记录一下幼儿园的生活？

媛媛：我觉得这个想法很好，那我来当小演员吧！

灏然：我也同意！那我负责道具吧！我可以帮小朋友们准备道具，收拾道具。

媛媛：我也想准备道具。灏然，要不，咱俩"石头剪刀布"，赢的人负责，可以吗（图 5-4-20）？

图 5-4-19   图 5-4-20

孩子们将自己的分工画了下来（图5-4-21、图5-4-22），有的小朋友负责画剧本（图5-4-23），有的小朋友负责拍摄（图5-4-24、图5-4-25），有的小朋友负责剪辑（图5-4-26）……大家分工明确，各自为拍摄微电影贡献着自己的力量，一部又一部属于孩子们的微电影上映了（参看视频5-4-3）。

扫码看视频5-4-3

图5-4-21

图5-4-22

图5-4-23

图5-4-24

图5-4-25

图5-4-26

教师思考

教师引导幼儿展开了深入而全面的讨论，初步分组制订计划，使幼儿获得了一定的生活经验。幼儿的计划书运用了图画的方式进行了表达。幼儿制作计划书的过程不仅是交流个体经验、完成任务的过程，而且计划书是幼儿对自己活动的安排。幼儿在制订计划的过程中，表达、表现能力得到了充分的展现和提高，其中不仅是口语的表达能力，还有用符号表达自己想法的能力。

幼儿能够根据本组计划书中的职务分配任务，合作完成。编剧能够和自己的组员沟通、商讨，确定剧本的主题与相关内容，最后将主题与相关内容用绘画的形式表现出来。幼儿能够根据计划书上分配的任务完成自己的"工作"，体现了自信心和规则意识。

活动反思

《一只叫茉莉的小鸟》掀起了一波"电子绘本"的热潮。绘本能激活孩子的想象力，有利于孩子创造力的培养。任何人都不是生来就具有丰富的想象力，想象力是通过直接、间接的体验获得的，体验越丰富，想象力也越丰富。而绘本的内容大多都很简单，十几幅插画，寥寥数句，一个故事就结束了，留给孩子们的是大块大块的想象空间。孩子们创作有声电子绘本的时候，真是创意十足。那些稚拙的画面、赋有想象的话语、有趣的情节，无不彰显童心世界的丰富与精彩。在这些绘本面前，我们收获了无限的惊喜和童趣，从而引发了孩子们更加深度地思考和学习。

随着孩子们遇到的问题逐一解决，电子绘本也逐渐成形。在这样一部"大制作"中，孩子们通过积极思考、图示记录、环境支持、小组计划、集体评选等方式克服了重重困难，完成了微电影的制作。通过游戏，孩子们发现问题、分析问题和解决问题的能力有了很大的提高。同时，他们在创造中学会了阅读。教师为幼儿创设了大胆思考和充分表达自己想法的空间，鼓励幼儿大胆想象，对自己感兴趣的事物进行绘本故事创编，引导幼儿在理解经典故事之后，想象、创编自己的绘本故事。作为教师的我们，需要为幼儿创造这种符合他们学习规律的活动机会，帮助他们发现问题、分析问题和解决问题。

《指南》中明确指出："幼儿的语言学习需要相应的社会经验支持，应通过多种活动扩展幼儿的生活经验，丰富语言的内容，增强理解和表达能力。"在此环节中，教师和幼儿一起查阅资料—确定角色—评选角色—准备设备—录制配音，从而完成了幼儿的第一部电影作品，这也充分地激发了幼儿对于自制绘本和录制电子绘本的兴趣，大幅提升了幼儿的成就感与自豪感，调动了幼儿的生活经验去解决遇到的问题。在活动中，教师适时地引导孩子们探索、讨论，将少数孩子的

兴趣扩展为全班大多数孩子的兴趣，使大家共同围绕一个感兴趣的话题展开讨论。对于孩子们的想法，教师及时创设班级环境给予支持，有效地促进幼儿的发展。

微主题活动五　寻找时间的印记（大班）

教师：姜亚静

扫码看彩图 5 - 5 - 1

活动背景

我无意中听到了孩子们关于上学迟到的对话，这引发了我的思考。对于孩子们来说，时间是抽象的，看不见、摸不着，却真实存在于我们的生活中。大班幼儿正处于"幼小衔接"的重要阶段，帮助其认识时间、养成良好的作息习惯、学会珍惜时间、合理规划时间，是十分重要且急切的事情。因此，我决定开展一次有关时间的微主题活动，带领孩子们寻找时间，感受时间，体验时间，审视时间的意义和对我们生活的影响，来一场"时间之旅"，带给幼儿全新的感受和思考。

幼儿兴趣生发后教师思考

看到孩子们对时间产生了兴趣，我认为这是一个很好的教育契机，结合《纲要》中对幼儿科学领域的教育内容与要求："引导幼儿对周围环境中的数、量、形、时间和空间等现象产生兴趣，建构初步的数概念。"我意识到正处于"幼小衔接"的大班幼儿需要来一场时间观念教育，这样才能适应今后的小学生活，养成良好的作息习惯，为进入小学做好准备。

活动目标

1. 了解和认识古代和现代的计时工具，知道计时工具的发展历程。
2. 知道时间的表示方法，认识整点和半点。
3. 知道时间的不可逆性，学会珍惜时间并合理利用时间。
4. 尝试规划自己的时间，培养幼儿做事情的计划性和执行力。
5. 通过体验活动，感知时间的长短，能合理分配、利用时间。
6. 能正确认识且利用课间十分钟，增强幼儿自我管理的能力。

活动过程

活动（一）　一次迟到引发的讨论

一天，淇淇迟到了（图 5 - 5 - 1）。

佳佳：你今天怎么迟到了？

淇淇：我今天有点儿磨蹭。

佳佳：妈妈告诉我，做事情要抓紧时间。

淇淇：是的！我要快一点儿洗漱，要不，明天还得迟到。

佳佳：对，以后上小学迟到可怎么办？

图 5 - 5 - 1

小朋友之间的对话引起了教师的思考：时间对于孩子们来说是抽象的，看不见，摸不着。那么，时间是什么呢？

活动（二） 时间是什么

1. 时间就是白天和夜晚加起来那么长（图 5 - 5 - 2）。

2. 时间就是地球自己转一圈儿（图 5 - 5 - 3）。

3. 时间就是从早晨起床到晚上睡觉（图 5 - 5 - 4）。

4. 时间就是我一天一天地长大（图 5 - 5 - 5）。

5. 时间就是我和朋友们在一起（图 5 - 5 - 6）。

图 5 - 5 - 2   图 5 - 5 - 3

6. 时间就是我们一起手拉手，围绕着地球（图5-5-7）。

图5-5-4   图5-5-5

图5-5-6   图5-5-7

活动（三）　时间在哪里

1. 幼儿园里的时间

（1）离园倒计时牌告诉我们，快乐的幼儿园生活还剩多少天（图5-5-8）。

（2）科学区的时间表盘可以拨动指针，让我清楚地认识时间（图5-5-9）。

（3）电子表可以看时间，知道几点了（图5-5-10）。

（4）沙漏可以记录时间，沙子全部漏完是三分钟的时间（图5-5-11）。

图5-5-8   图5-5-9

图 5 - 5 - 10

图 5 - 5 - 11

2. 生活中的计时器——钟表

（1）儿童手表（图 5 - 5 - 12）。

（2）巨大的钟表（图 5 - 5 - 13）。

（3）小闹钟（图 5 - 5 - 14）。

（4）墙上的钟表（图 5 - 5 - 15）。

图 5 - 5 - 12

图 5 - 5 - 13

图 5 - 5 - 14

图 5 - 5 - 15

（5）电脑上的时间（图5-5-16）。

（6）手机上的时间（图5-5-17）。

图5-5-16 图5-5-17

桥桥：这是我家的钟表（图5-5-18），和小朋友们找到的都不一样！这座钟表和我奶奶的年龄一样大。

图5-5-18

小朋友们发现，原来记录时间的形式有这么多，他们又产生了新的问题。

活动（四） 很久以前的人怎么记录时间

1. 日晷（图5-5-19）：我国古代利用日影测得时刻的一种计时工具，适用于晴天。

2. 水钟（图5-5-20）：又称刻漏，此计时工具从春秋战国时期一直沿用到宋朝。

3. 机械钟（图5-5-21）：最古老的机械钟于十三世纪出现在欧洲的修

道院。

　　4. 石英钟（图 5－5－22）：装电池的石英钟，不仅方便，而且走时准确。

图 5－5－19

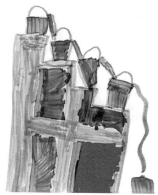

图 5－5－20

图 5－5－21

图 5－5－22

活动（五）　现在的人怎么记录时间

1. 手表（图 5－5－23）。

2. 怀表（图 5－5－24）。

3. 电子表（图 5－5－25）。

4. 石英表（图 5－5－26）。

5. 手机（图 5－5－27）。

6. 秒表（图 5－5－28）。

图 5 - 5 - 23

图 5 - 5 - 24

图 5 - 5 - 25

图 5 - 5 - 26

图 5 - 5 - 27

图 5 - 5 - 28

孩子们经过讨论，了解了什么是时间以及计时工具。这引发了他们的好奇，想要设计自己一天的活动安排。

活动（六）　我的快乐一天

1. 我在幼儿园里，做好多有趣的事情（图 5 - 5 - 29～图 5 - 5 - 32）！早餐后，我去自己喜欢的美工区，穿漂亮的珠帘。加餐后，我和好朋友去玩野战营地游戏。

2. 进入区域里看书，和好朋友一起喝牛奶，去外面跳绳。

3. 八点是我们吃早饭的时间。

4. 九点是我们游戏的时间。

5. 十点是我们去户外游戏的时间。

6. 十一点是我们准备吃午餐的时间。

图 5 - 5 - 29

图 5 - 5 - 30

图 5 - 5 - 31

图 5 - 5 - 32

钟表里的时间对于孩子们来说，既具体，又模糊。为了让他们的认知变得立体而清晰，孩子们和爸爸、妈妈一起讨论"时间意味着什么"。

活动（七）　时间意味着什么

霖霖：爸爸说，时间就是很久以前发生的事情，是一直存在的。

维泽：妈妈说，时间是妈妈从一个小女孩成为妈妈的变化。

大海：妈妈说，时间是让我们的生活越来越方便。

朵朵：爸爸说，时间就是过去、现在和未来。

1. 很久以前的卢沟桥和宛平城（图5-5-33～图5-5-36）

图5-5-33

图5-5-34

图5-5-35

图5-5-36

2. 现在的卢沟桥和宛平城（图5-5-37～图5-5-40）

图5-5-37

图5-5-38

图 5 - 5 - 39

图 5 - 5 - 40

小朋友们都相信：未来的卢沟桥一定会越来越棒，让我们更加引以为傲！
生活中的高科技，让我们节约很多的时间（图 5 - 5 - 41～图 5 - 5 - 44）。

图 5 - 5 - 41

图 5 - 5 - 42

图 5 - 5 - 43

图 5 - 5 - 44

通过了解，孩子们感受到了时间的特性，从古至今，时间一直向前，带给
我们许多的变化。

活动（八）　时间大体验

1. 一分钟活动

（1）走小花园的石子路用时一分钟（图 5 - 5 - 45）。

（2）一分钟就是钟表的秒针转一圈（图 5 - 5 - 46）。

（3）一分钟合作拼俄罗斯方块（图5-5-47）。

（4）一分钟合作搭建弹球区（图5-5-48）。

图 5 - 5 - 45　　　　　　　　　　　　　　　　图 5 - 5 - 46

图 5 - 5 - 47　　　　　　　　　　　　图 5 - 5 - 48

2. 十分钟活动

（1）四个小组分别画出了不同的计划书（图5-5-49～图5-5-52）。

（2）幼儿分组制作十分钟的计划，游戏体验后，每个小组又分别有了自己的思考。

图 5 - 5 - 49　　　　　　　　　　图 5 - 5 - 50

图 5 - 5 - 51　　　　　　　　图 5 - 5 - 52

①今后，穿编珠帘的时候要专注。不然，十分钟内，珠帘也穿不完（图 5 - 5 - 53）。

②我们计划了四个游戏，只玩了两个，就没有时间了。下次，要把时间分配好（图 5 - 5 - 54）。

③我们找材料浪费了许多时间，下次可以用其他材料代替，这样，就不会耽误时间啦（图 5 - 5 - 55）！

④以后，我们玩之前先做好计划，就可以节省时间了（图 5 - 5 - 56）！

图 5 - 5 - 53　　　　　　　　图 5 - 5 - 54

图 5 - 5 - 55　　　　　　　　图 5 - 5 - 56

教师思考

孩子们兴高采烈地去做事情，十分钟的时间结束后，他们发现并没有将手头的事情做完。通过游戏体验，他们知道了时间是宝贵的，要珍惜时间，在有限的时间内，抓紧时间做事。

活动（九）　课间十分钟

1. 幼儿园的课间十分钟

（1）洗手（图5-5-57）。

（2）擦手（图5-5-58）。

（3）喝水（图5-5-59）。

（4）玩玩具（图5-5-60）。

图5-5-57

图5-5-58

图5-5-59

图5-5-60

2. 小学的课间十分钟

小朋友们进入小学生活后，课间十分钟要做哪些事情呢？我们邀请了毕业的哥哥、姐姐们为我们分享经验。

孩子们从初步探究时间是什么、寻找时间、体验时间，在一次次的感知与交流中学会了合理安排时间，在游戏体验中懂得了要珍惜时间。大一班的小朋友们一起度过了一段有意义的"时间之旅"，为即将成为一名小学生做好了充分的准备。

活动反思

大班幼儿即将从幼儿园进入小学学习和生活，他们面临着学习方式、作息习惯等的改变，尤其是在时间安排上，不再像幼儿园那样宽松，更多的是紧张的学习与生活。因此，引导幼儿树立时间观念，遵守时间，学会合理安排时间，势在必行。教师应当积极为幼儿创设环境和条件，根据幼儿的成长需要，设计相应的教学活动，不放过每一个教育契机，培养幼儿良好的时间管理能力，陪伴幼儿一起争分夺秒。

1. 教师明确自己在幼儿活动中的角色定位。

教师是幼儿活动的观察者，整个活动过程全程陪伴幼儿，要时刻对幼儿的言语和行为表现进行观察，发现其闪光点，要及时记录、肯定、表扬，做一个理性、智慧的观察者。在本次活动中，教师通过捕捉幼儿兴趣和教育需求，生成了本次活动，并在活动中耐心观察幼儿、分析幼儿，帮助幼儿更加投入地游戏。同时，教师也是幼儿活动的支持者、引导者，在幼儿游戏活动中，多跟幼儿交流与互动，有利于激发幼儿的想象力，并主动为幼儿提供游戏材料，有利于幼儿收获更丰富、真实的游戏体验。教师在幼儿活动中智慧地进行身份转换，让幼儿受益匪浅。

2. 积极调动幼儿运用已有的生活经验。

《指南》中指出："幼儿的学习是以直接经验为基础，在游戏和日常生活中进行的。"在本次教学活动中，教师循循善诱，先是鼓励幼儿从身边寻找时间是什么，再到借用实物加深幼儿对时间的认识。这是因为大班幼儿虽然具有一定的想象力、创造力、行动力，但其对时间这一抽象概念的理解能力、表达能力仍然不足。因此，需要教师通过合理设计教学内容及教学环节、投放适宜的材料，才能最大限度地激发幼儿在游戏活动中的思维和认知。

3. 创设环境，尊重幼儿在游戏中的主体地位。

作为教师，要深刻地意识到游戏是为幼儿成长服务的，其受益者也是幼儿，明白师幼关系中，教师是主导，幼儿是主体。因此，教学活动开始之前，教师只要积极地为幼儿创设适宜的游戏环境，提供充足的游戏条件和材料即可。而当幼儿开始游戏后，教师应将游戏的主动权交给幼儿，对幼儿进行适宜的话术引导，实施相应的教学策略，让幼儿充分地享受游戏的自由，最大程度地创设宽松的交流环境，让幼儿在玩中学、学中玩，互相配合，投入到教学活动中，实现理想的教学效果。

图书在版编目（CIP）数据

幼儿园微主题活动案例精选 / 陈煜主编 . —北京：
中国农业出版社，2023.9
ISBN 978-7-109-31051-3

Ⅰ．①幼…　Ⅱ．①陈…　Ⅲ．①活动课程—教案（教育）
—学前教育　Ⅳ．①G613

中国版本图书馆 CIP 数据核字（2023）第 158881 号

幼儿园微主题活动案例精选
YOUERYUAN WEIZHUTI HUODONG ANLI JINGXUAN

中国农业出版社出版
地址：北京市朝阳区麦子店街 18 号楼
邮编：100125
责任编辑：孙利平　张　志
版式设计：杨　婧　责任校对：吴丽婷　责任印制：王　宏
印刷：三河市国英印务有限公司
版次：2023 年 9 月第 1 版
印次：2023 年 9 月河北第 1 次印刷
发行：新华书店北京发行所
开本：700mm×1000mm　1/16
印张：17
字数：323 千字
定价：68.00 元

版权所有·侵权必究
凡购买本社图书，如有印装质量问题，我社负责调换。
服务电话：010 - 59195115　010 - 59194918